全媒体环境下高校思政教育改革创新研究

李 娟 著

北京工业大学出版社

图书在版编目（CIP）数据

全媒体环境下高校思政教育改革创新研究 ／ 李娟著
. — 北京 ： 北京工业大学出版社，2020.7（2021.5 重印）
ISBN 978-7-5639-7607-2

Ⅰ . ①全… Ⅱ . ①李… Ⅲ . ①高等学校－思想政治教育－研究－中国 Ⅳ . ① G641

中国版本图书馆 CIP 数据核字（2020）第 173178 号

全媒体环境下高校思政教育改革创新研究
QUANMEITI HUANJING XIA GAOXIAO SIZHENG JIAOYU GAIGE CHUANGXIN YANJIU

著　　者：李　娟
责任编辑：郭志霄
封面设计：点墨轩阁
出版发行：北京工业大学出版社
　　　　　（北京市朝阳区平乐园 100 号　邮编：100124）
　　　　　010-67391722（传真）　bgdcbs@sina.com
经销单位：全国各地新华书店
承印单位：三河市明华印务有限公司
开　　本：710 毫米 ×1000 毫米　1/16
印　　张：10
字　　数：220 千字
版　　次：2020 年 7 月第 1 版
印　　次：2021 年 5 月第 2 次印刷
标准书号：ISBN 978-7-5639-7607-2
定　　价：58.00 元

前　言

　　近年来，随着互联网技术的不断发展、网络媒体的迅速革新、信息接收终端的日趋便捷，网络使人们工作、生活以及认识世界的方式产生着愈发深刻的变革。大学生思想活跃、参与感强，但也存在社会阅历浅、认识问题容易极端片面等缺点，所以在面对多元文化的冲击时，容易感到迷茫和困惑，有时甚至被诸如消费主义、享乐主义等不利于大学生成长的思想影响。

　　原有的高校思政媒体由于受到去中心化的影响，话语地位正在逐渐丧失，难以实现对校园网络文化的有效把控。如邹艳辉所说，"复杂的媒介舆论环境逐渐弱化传统高校思想政治教育的话语影响力，使其面临更大压力"。校园网络文化中精华与糟粕并存，大学生价值观的形成受到严峻挑战。

　　目前，不少高校已经建立了思政全媒体平台，但是在具体的运作过程中仍然存在不少问题，很多只是将原有媒体进行简单叠加，而缺少深度的融合。要做到深度融合，就要有科学的运作机制，正如原宁波日报社长何伟所说，"媒体融合没有终点，只有程度的深与浅、层级的高与低。要想融合而不是凑合，只有用科学的机制，而非拉郎配"。所以，在思政全媒体未来的发展过程中，高校必然要根据实践的具体情况，在原有基础上进行调整和总结，不断完善运作机制，建立符合媒体发展规律、在多元文化的冲击下依然能够有力发声的思政全媒体平台，以保障大学生健康成长成才。

目 录

第一章　全媒体

第一节　全媒体与传统媒体

伴随着我国信息技术的飞速发展，社会已经逐渐进入信息化的时代，并且人们的生活方式以及工作方式因为全媒体的影响也随之发生较大地变化。全媒体的发展严重限制了传统媒体的发展空间和发展方向，因此，本节将对全媒体时代下传统媒体的发展进行深入的分析研究，提出对应的策略来有效地促进传统媒体的可持续发展。

全媒体的不断发展，给传统媒体的发展带来了不小的压力，因为它打破了传统的信息传播模式。因此，传统媒体要在激烈的市场竞争中得到关注和更好地发展，就必须探索出一条属于自己的独特发展道路，只有这样才能积极面对全媒体时代所带来的各种挑战。

一、全媒体时代传统媒体的发展现状

（一）传统媒体的受众规模不断萎缩

在全媒体不断发展的时代背景下，全媒体的受众可以及时地获得媒体信息，并且在第一时间就加入媒体信息的讨论之中。但是传统媒体却不一样，因为传统媒体的信息传播较慢，相应的媒体受众积极性较低且缺乏互动交流，因此在当前的信息传播过程中，更多的人倾向于通过全媒体获得信息。

（二）传统媒体的业务难以开展

近些年来，全媒体的发展速度与日俱增，并且它也得到了更多人的高度关注，所以这就导致了人们对传统媒体的关注度越来越低，从而使传统媒体发展的难度逐渐增加。举例来说，传统媒体中的纸质媒体在过去的发展较为容易，

因为当时信息网络不发达，许多企业都会把自己的广告信息积极投入到纸质媒体中来获得更大的关注度。但是随着全媒体的不断发展，纸质媒体的广告业务逐渐减少，更多的企业倾向于把广告信息投入全媒体中，这样不仅信息传播速度较快，也更容易引起人们的高度关注。因此，纸质媒体的广告收入逐年下降，并且市场占有率也越来越低。

（三）传统媒体的人才流失严重

简单来说，全媒体的迅速发展是以网络信息技术作为发展基础的，并且随着我国互联网技术的蓬勃发展，越来越多的互联网人才如雨后春笋般不断涌现，这也为全媒体的发展提供了较多的人力支持，但这也导致了传统媒体人才的大量流失。除此之外，全媒体作为一种全新的网络媒体传播方式，具有非常好的发展前景和发展潜力，所以更能为相关的工作人员提供良好的发展空间，并且全媒体的资金待遇也比传统媒体好，这些加剧了传统媒体的人才流失。

二、全媒体时代，传统媒体如何实现突破和发展

（一）坚持发挥自身的优势

在全媒体时代，传统媒体想要取得应有的发展与突破，那么首先需要坚持发挥自身的优势。对于任何媒体的发展而言，信息的传播都是其中最为关键的内容，所以传统媒体一定要充分发挥信息传播的优势，以此来重新获得受众市场。具体而言，因为全媒体的信息内容较为随意多变，所以传统媒体一定要坚持自身的独创性信息传播，然后通过各种有效的方式对独创性的信息进行完美包装，进而提升信息传播的公信力。除此之外，传统媒体要加强对于信息内容的深度挖掘，通过信息的专业性来弥补传播速度较慢的缺点。最后，传统媒体还需要不断提高信息传播的质量和权威性，以此来促进自身的有效发展。

（二）积极同全媒体融合

在全媒体迅速发展的背景下，传统媒体想要获得发展就必须顺应全媒体的发展趋势，并与其有效地融合，以此来进行创新性的信息传播。在此过程中，传统媒体不仅要向全媒体学习，还要更多地向网络信息方向进行转变。就拿电视的信息传播而言，传统媒体可以把电视节目与网络信息进行有效结合，以此来吸引更多的受众。除此之外，传统媒体一定要多学习全媒体的优点，然后积极进行创新并创造属于自身的独创性信息传播内容和方式，这样才能促进自身的优先发展。

（三）加大人才的培养力度

随着全媒体时代的到来，传统媒体的人才逐渐流失，从而使传统媒体的发展受到很大地限制。所以针对这种情况，传统媒体一定要加大对于人才的培养力度，积极提高薪资待遇并引进优秀的人才。除此之外，传统媒体还需要对采编人员进行定期的培训和辅导，以此来提升他们的工作能力和综合素养，从而创作出更多独创性的优秀稿件。

综上所述，社会逐渐进入了全媒体时代，而全媒体的发展给传统媒体的发展带来了较大的压力与影响。虽然全媒体具有许多传统媒体所不具备的优势和特点，但是它同样也有劣势。因此，传统媒体在未来的发挥过程中一定要坚持发展自己的优势并不断创造全新的个性化产品，积极同全媒体进行融合，加大对于传统媒体人才的培养力度，提高他们薪资待遇，只有这样才能够最大限度地削弱全媒体发展给传统媒体所带来的影响，逐渐走出一条属于自身的发展道路，进而在激烈的市场竞争之中占有一席之地。

全媒体指媒介信息传播采用文字、声音、影像、动画、网页等多种媒体表现手段（多媒体），利用广播、电视、音像、电影、出版、报纸、杂志、网站等不同媒介形态（业务融合），通过融合的广电网络、电信网络以及互联网络进行传播（三网融合），最终实现用户以电视、电脑、手机等多种终端完成信息的融合接收（三屏合一），实现任何人、任何时间、任何地点、以任何终端获得任何想要的信息。

从全媒体表述的概念，我们看到了全媒体的几大"全"——覆盖面最全、技术手段最全、媒介载体最全、受众传播面最全。这样的"全"会给传媒界带来怎样的变化？作为传媒集团的管理者应该有怎样的管理理念，应对雨后春笋般的"全"传播？

三、全媒体传播特点

（一）全媒体传播"没有门槛"

互联网把"传播"变成了一件"没有门槛"的事，任何人，手指划动手机屏幕，随时随地都可以实现一定范围的传播。在没有互联网时，个人如果不借助电视、广播、报纸等媒体，自身的传播范围是非常有限的，有了互联网后，通过网络渠道，个人也能做到相当大范围的传播，甚至能借助事件的策划和影响，获得相当大的社会影响和传播效果。

传统媒体利用自身独有资源所获得的"传播的商业价值"，被自媒体和互联网"撕裂"，自媒体和互联网分享着"传播的商业价值"，同时，由于互联网让传播"没有门槛"，个体也能分享"传播的商业价值"。从前商家要花钱到电视、广播、报纸进行信息的传播，现在不用通过这些渠道，依靠自身的互联网渠道，或是低价的自媒体、网媒渠道，也能达到传播效果。

电视台和报业两大传统媒体具有人才、新闻资源、内容资源等优势，但很多管理者和从业人员依然以传统媒体、主流媒体的自我优越感，守着固有的运营模式，思维停留在旧的成本模式、管理模式上，并不重视将传统媒体融入互联网的传播渠道中。

科技的进步，使人们有了更为直接便捷的传播手段——互联网，用户更多的使用手机、电脑来完成信息的融合接收。作为内容生产部门，电视、广播、报纸是有内容资源优势和人才优势的，应该放下身段，利用互联网优势，发展适合电视、广播、报纸内容的新媒体，把传播手段、传播内容优势运用到全传播渠道上，尤其是运用到手机、电脑等终端网络传播渠道上。

时不我待，我们要尊重最有效的既有的传播渠道，就像汽车肯定要代替马车一样，技术的进步，是为了让生活更便捷更美好，在大数据的互联网时代，电视、广播、报纸应该主动融入这样的时代，拥抱全媒体的美好传播时代。

（二）全媒体传播的责任担当

毋庸置疑，传统媒体有专业的传媒队伍，同时具有无可比拟的内容资源，这样专业的队伍运用的媒介资源，即传播通道却相对单一，电视记者只在电视发声、广播记者只在广播发声，报纸记者只在报纸发声，相对于传统媒体辉煌时期的传播效果和社会影响，现在这样传播的效果已经落后于新媒体策划的各种事件传播。单一的依靠传统媒体传播其实是对内容资源及专业传媒队伍生产出的内容产品的浪费。受众接受信息的习惯，因为网络技术的发展发生了改变，智能手机作为一个终端工具，在传播中起了越来越重要的作用，一机在手，通过公众号、朋友圈、APP 的推送，已足以满足信息需求。受众现在更多不是接受信息，而是面对铺天盖地通过网络而来的信息进行选择，这样的信息传播下，受众基本对报纸、电视、广播不再有忠诚度。

这边，是受众对报纸、电视、广播这类传媒的冷落，那边，却是公众号、朋友圈、APP 所传播的内容产品，越来越多地遭受舆论质疑，从 2017 年 6 月 1 日起，没有取得新闻传播许可证的新媒体，不能再发布、转播新闻。在一定程度上，这条新规让传统媒体更具内容资源优势。新媒体在内容资源上，不管是曾经地积累，还是现在地发掘，都无法与传统媒体相比。

互联网是开放的，APP、公众号、朋友圈都是开放的，传播渠道是如此开放。传统媒体摆脱以往的束缚，用主动的心态去拥抱现在开放的互联网传播模式，重视通过微信公众号、朋友圈、APP这样的渠道同步传播，真正融入全媒体传播中，是一件刻不容缓的事情。新规的出台，其实也是全媒体时代在呼吁传统媒体承担起传播责任，用有质量的内容产品，有质量的传播模式，真正回归主流媒体的地位。一句话，传播模式在不停地推陈出新，传媒人却不会过时，紧紧跟上全媒体传播的时代步伐，有效地利用最为受众接受的传播通道，专业型的传媒人才始终会有自己发挥作用的平台。

四、全媒体时代需要的人才类型

全媒体时代已然来临，传统媒体遇到的问题，要用与时俱进、发展的眼光去解决，互联网打通了线上线下，打通了传播距离。没落的是传播方式，而不是传播内容，就好比马车与汽车、电报与电话，受众仍然在，信息获得的需求仍然在。传统媒体在拥有得天独厚的内容资源的同时，传统媒体人自身知识构架需要怎样转型呢？或者说，谁能承担起全媒体时代传统媒体发展的责任呢？又或者说，传统媒体融入全媒体时代需要什么样的人才呢？

社会越发展，职业细分越具体，媒体领域更是如此，传统媒体与全媒体共舞，迫切需要两类人才，一是有整体把控能力的管理"设计"型人才，二是精通全媒体传播之道的专业型"跨界"传播人才。传统媒体必须为这两类人才创造积极融入全媒体的环境，从而保障传统媒体传播通道的畅通。

观念问题解决了，我们看看这两类人才与传统的传媒人及非专业出身的社会传媒人的区别在哪里。

第一类人才：敢于开创开拓的"设计型"管理者。这里所说的"设计"是指对于传播手段的设计，比如，做电视节目并不仅依靠自身频道的传播，而是从全媒体的角度对自身的频道形象、品牌栏目、内容产品进行传播，对传播渠道进行突破常规化的设计，利用公众号、朋友圈、APP及其他网络渠道，运用大数据等更为科学、先进的方法，寻找更多的受众。这也是打通传统媒体与受众的距离，多渠道实现自身的"主流"传播效果及"主流"形象的重要途径。

此类人才要多方面了解全媒体情况，不仅自身敢于开创传播通道，也要善于与一些传播数据数一数二的新媒体展开合作，多方面传播传统媒体形象与内容，更重要的是从管理上对频道（电台、报纸等）有一个关于传播通道、周期

性活动、员工的提升等方面的总设计。作为团队的管理者、频道（电台、报纸等）的负责人，不仅要具有专业媒体人、传播人的素质，还要具有企业管理人的素质。

第二类人才：专业型的内容组织者。做新闻、做专题的人都知道，最可贵的是线索，特别是好新闻的线索，如果频道（电台、报纸等）的记者编辑，依然如十年前一样执着，那么就不会缺好的素材。好的传媒人具有非常明显的社会属性和很高主动性，他们天生对新闻资源敏感，在从业中，会通过方方面面的细节运作，建立自己强大的信息资源网络。新闻资源的网络，是需要有责任心的记者编辑有意识地去建设、构架的。

身在一线的新闻人都知道，跑透一条新闻线不容易，少则三五年的积累，多则一二十年的努力。在以前，一线新闻人这个职业让人羡慕，新闻人掌握的是这一条线的最专业的人脉和部门资源，可以为观众（听众、读者）解决很多的问题，这样的互动越多，那么受众基础就越好，受众忠实度也会越来越高。但随着近几年来传统媒体的式微，这样的专业型人才越来越少，专业型人才是需要激情工作积累的，形式化的工作与激情工作，完全是两个结果，有的记者一条新闻线跑三五年也办不成什么事，有的记者一条新闻线跑上两三年，就是这条线上的百事通了。记者、编辑（内容产品采编人员）仅仅是一条线的"百事通"，这还不够，还得懂得多方面运用"全媒体"通道以及热门新媒体，把自己掌握的内容产品多方面进行标签化传播，也就是还是这个频道（电台、报纸）的新闻人，以这样的标签制作的内容产品，通过APP、公众号、朋友圈等传播，取得全媒体的传播效果。

专业媒体人作为专业型的内容组织者，融入全媒体传播，对于引领正能量、客观的舆论会起到很好的作用，更重要的是能帮助传统媒体融入全媒体，在全媒体时代实现主流价值。

五、全媒体时代如何跨界起舞

各地广电集团作为集电视、广播、报纸、网站、网络等于一体的多媒体传播集团，在全媒体时代，占据着先天优势，如何在当前形势下，把传统媒体的劣势，转化成全媒体时代的发展机遇，是一个值得我们研究、实践的大课题。

全媒体具有更多的包容性和灵活性，全媒体跨界，是指不拘一格地运用各种表现形式和传播渠道；全媒体如何跨界，是指应根据受众需求及其经济性来运用各种表现形式和传播渠道，用更经济的眼光来看待媒体间的综合运用，以求投入最小、传播最优、效果最大。传统媒体要跨越的是表现形式和传播渠道，这就要求传媒人有一个开放的心态，不能拘于传统的表现形式和传播渠道，而要将多种表现形式应用于多种传播渠道来实现传播效果最优，比如，一组人马采编的内容产品，既能以频道要求的形式播出，又能通过公众号或 APP 进行图文直播，甚至广播要求的声音内容产品也有了，这极大地节省了人力、物力，同时又实现了传播效果最优，这样独家的"全媒体"，既涵盖了新媒体，同时也保留了传统媒体的既然有渠道，是新媒体无法比拟的。这对传媒人的能力提出了更高的要求，传统媒体在内部制度方面也应该为他们提供更好的待遇，从经济地位和社会地位两方面提供保障，使人才愿意投入这样的全媒体传播事业。

全媒体是人类现在掌握的信息流手段的最大化的集成者。全媒体不是大而全，而是根据受众需求及其经济性来结合运用各种表现形式和传播渠道。

全媒体运用所有媒体手段和平台来构建范围更大的报道体系，从总体上看，全媒体不再是单落点、单形态、单平台的传播，而是在多平台上进行多落点、多形态的传播。报纸、广播、电视与网络是这个报道体系的共同组成部分。

跨界，首先是观念的跨越；其次是生产内容的人才能力的跨越，从生产一种形式的内容产品，到用同一种素材，生产多种形式的内容产品，用多种传播通道传播。相信这样的提升和融合，会使传媒人的工作含金量得到提高，会重拾传媒人的社会地位和经济地位。更重要的，这是传统媒体融入新的传播渠道的必经之路，越早行动破局，越早有生机。

第二节　全媒体时代的话语权建设

全媒体时代的提出意味着媒介系统和媒介生态进入一个全新的发展视域，这从媒介的多维融合、媒体的多元形态、传播内容的立体化呈现和即时性获取等角度对媒介演进作出阐释。纵观全媒体从无到有、从概念到实践的演变历程，话语权建设始终与其并道而行，伴随全媒体的发展，话语权建设将更多复杂话语对抗渗入全媒体所构筑的传播体系中。我们反思全媒体时代话语权建设的诸多问题，从媒介应用和媒体融合角度回溯话语权建设的问题症结，进而提出掌控话语权的可行路径，是优化全媒体传播环境、打造主流话语传播效应、巩固主流意识形态地位的必然过程。

一、问题反思：全媒体时代话语权建设的困境

全媒体不断发展，出现了全程媒体、全息媒体、全员媒体、全效媒体，信息无处不在、无所不及、无人不用，导致舆论生态、媒体格局、传播方式发生深刻变化，新闻舆论工作面临新的挑战。全媒体对媒介的集约化、联动化和高效化发展意义重大，这给话语权建设提供了多元选择、更多主动性因素。但是，全媒体所创设的话语传播链条也在对传统的传播链条和话语框架进行突破。因此，在适应新的传播环境、变革旧的传播体系的过程中，话语权建设面临不少问题。

（一）话语空间的拓展与话语适应的矛盾

全媒体带来了话语发展和话语表达的新空间，无论是话语本身的内涵式发展还是话语环境的融合与优化，从传播的终极目的来看，这无疑是一种前所未有的媒介新飞跃，它给社会传播本身带来了更加便捷、全面、高效、优质的选择。但不可否认的是，话语权的建设要求我们必须在这样一种全新的话语空间中掌握主动。针对新的传播环境，如何适应、融入、利用它，是我们在话语权建设实践中需要解决的重要问题。如果不能处理好话语适应的问题，那么我们对话语权的掌控将陷入被动，进而影响话语效果的发挥。

（二）话语思路的滞后与话语诉求的矛盾

全媒体时代，话语权建设需革新思路，在思想观念上树立创新思维，在话语的实践指向上要及时回应传播现实中的话语诉求。传统的传播体系中，话语权的建设已经有了一套相对科学的话语体系。面对全媒体所营造的全新传播环境，话语权建设也提出了新的话语诉求，即主动利用全媒体的传播优势，抢占全媒体时代的话语阵地，以主流话语引领全媒体时代的舆论走向。不过，在这种诉求遭遇现实碰撞时，旧的话语思路往往会束缚话语的表达，话语传播难以摆脱传统话语思路的桎梏。这种思想认识上的纠结影响了话语的表达，更影响了话语权的掌控。

（三）话语形态的升级与叙事方式的矛盾

全媒体时代，话语形态的发展呈现良好态势，多元化话语形态充实着话语表达。文字、图像、符号、声音、视频等多种话语形式通过技术的转化取得了新发展，而且这些话语形态之间的交互也十分便捷。比较典型的有短视频、H5页面、直播视频等，由此也催生了新的行业业态。这些话语形态都有对应的支撑技术和平台，且这些话语形态可以实现多网联通、实时共享，大大加强了传播实效。但是，新的话语形态如何合理地被主流话语的传播所运用，并形成相应的叙事方式和叙事风格，成为话语权建设的又一关键问题。

二、原因回溯：全媒体时代话语权建设问题的缘由

全媒体时代，任何话语的传播发展都有迹可循，这为话语传播的分析提供了"一手资料"。话语权建设必须紧紧围绕其所存在的问题展开，通过问题的剖析找准制约话语权建设的原因。这是主动出击，分析话语权面临的现实困境，并有所作为的必然选择。

（一）传播主体的增量变大，加剧话语之争

全媒体时代的媒体格局突破了传统媒介信息垄断的局面，传播主体不再是某一个或某几个传播媒介，传播体系中的每个参与者都能通过不同媒介制造、发布和传播信息，传播主体多样且复杂。基于这一现实特点的考究，可以得出结论：全媒体时代的传播主体数量快速增加，且可以能动地参与传播过程的各个阶段并制约传播实践、影响传播效果。再进一步考察，这些话语主体分别代表着不同的利益集团，有不同的价值诉求。因此，话语主体的话语权争夺是必然的，它们彼此间的价值博弈一以贯之。话语主体数量的变化从整体上反映出话语传播的多维、多面可能，也为全媒体时代更加激烈的话语之争提供了直接依据。

（二）传播方式的互动强化，助推话语转型

媒体融合的一个明显特征在于媒介互动性的极大增强，这种变化直观体现在信息沟通障碍越来越少的趋势上。不仅技术上的互动得到史无前例的提升，话语本身的互动要求也在传播实践中被反复强调。一个信息的发出如果没有得到传播现实的呼应，没有"回音"与"和音"，那么该信息本身的传播机制就是失败的。全媒体的媒介系统"不仅让人们获得信息的渠道更加丰富，而且改变了人们互通信息的方式"。互动性强调双向、多方、全面地信息沟通，强调话语表达的可读性、通俗性和情感性，只有丰富饱满和富有感情的话语才能让传播主客体有互动的欲望。所以，传播的互动性不仅是一个优势，还为话语转型和创新提供了有利参考和客观条件。

（三）传播范围的边界拓展，倒逼话语创新

全媒体构建的传播体系大大拓展了传播范围，扩大了传播版图。这在一定

程度上延伸了受众获取信息的链条，也满足了不同受众的多层次需求。然而，传播范围的扩大并不意味着话语传播效果的提升，也并不意味着原有的传播话语可以继续保持现状，不进行任何改变。相反，传播范围上的拓展恰恰给话语及其语用提出了新挑战，比如，传播新范围的出现如何用新的话语表达去接应，新范围的话语运用如何实现时度效的统一等。话语权的掌控必须充分了解传播环境的变化，把握传播范围的变化，努力在传播过程中实现自身话语的创新发展，积累话语应用经验，进而巩固话语权威。

三、路径选择：全媒体时代话语权掌控的对策

全媒体时代，媒体融合是大势所趋。因此，话语传播必须适应这一现实。掌握话语权就是掌握舆论先锋，提升主流话语的影响力和凝聚力，在话语传播中树立主流话语的稳固地位。立足媒介融合现实，话语权的掌控必须从理论和现实两个维度审视。

（一）多种渠道促进主流话语的广泛传播

全媒体加快了话语传播的速度，在各种话语传播的交织中，媒体必须将主流话语的声音"放之四海"，致力于提高主流话语的传播力。"在全媒体时代背景下，宣传思想工作受到传播分众化、传播主体多样化、信息多元化的影响，宣传主体、宣传对象和宣传手段都发生了显著变化。"因此，媒体要全面整合各种传播媒介、传播资源、传播经验，提升主流话语传播能力，全力扩大主流话语的受众覆盖面，实现主流话语"飞入寻常百姓家"的目的。媒体要利用好广播、电视、音像、电影、报纸、杂志、网站等不同媒介形态，借助广电网络、电信网络、互联网络实现多网传播，以电视、电脑、手机等多种终端实现信息的精准投放。在此基础上，媒体要使主流话语成为"网络最强音"，增强受众的认同感，不断巩固主流话语的中心地位。

（二）多种途径推进主流话语的不断创新

话语的传播离不开"内在价值"的强烈感染力，也离不开"漂亮外衣"的即时吸引力。全媒体环境下，任何话语的传播都可以瞬间实现，而且可以实现全网接收。全媒体环境下，信息流通口径增大，流通通道不断优化。首先，在话语内容创新上，主流话语要坚持内容为王、以质取胜。我们要找准主流话语的内在价值，在此基础上不断促进话语内容的凝练、深化和形象化。我们要站在受众角度考虑问题，增强话语的说服力，切忌话语内容的形式化和呆板化。

我们要结合时代特点为话语内容注入鲜活血液，增强话语内容可读性。其次，在话语表达的创新上，采用生动鲜活的时代话语、通俗易懂的群众话语、天然亲和的民族话语。我们要恰当地将"陈情"和"说理"相结合，探究具有中国特色、中国风格、中国气派的话语阐释方式，增强主流话语的影响力。

（三）多种方式提升主流话语的导向作用

有理有据是话语传播能够说服受众、实现价值导向的重要因素。全媒体时代，主流话语面临多重挑战，越是如此，越要临危不惧，越要站得住、站得稳。主流话语代表着党和国家的声音，是主流意识形态和主流价值观的现实写照。发挥主流话语的舆论导向作用，必须在话语传播过程中抓住话语细节和话语语境两个要素，坚持宏大叙事和聚焦细节相结合的表达原则，依据受众分层化的特点，根据受众的话语习惯和偏好，推进话语传播方式的不断完善，强化主流话语的公信力、引领力、凝聚力、影响力。我们要全面推进"报、网、端、微、屏"的多维融合和一体化发展，实现线上线下、传统媒体和新兴媒体的结合，夯实主流话语的受众基础，增强主流话语的群众基础，在媒体融合的过程中形成话语合力，突出话语的舆论引导作用。

第三节　全媒体是媒体深度融合的方向

随着信息技术的迅猛发展，媒体融合已成为不可逆转的发展趋势，我们的新闻舆论和宣传思想工作也面临着全新的考验。党的十八大以来，以习近平同志为核心的党中央从党和国家事业长远发展出发，深刻洞察全媒体时代媒体发展大局，运筹帷幄，掌握先机，引领着中国媒体融合不断走向深入。

一、当代媒体融合的关键时间节点

习近平总书记一直非常重视媒体融合，并多次作出重要指示和战略部署。主流媒体的融合发展在习近平总书记的指引下，已走过了 7 个年头：

2013 年 8 月 19 日，在全国宣传思想工作会议上，习近平总书记谈及关于媒体融合的想法与概念。他强调，要适应社会信息化持续推进的新情况，加快传统媒体和新兴媒体融合发展，充分运用新技术新应用创新媒体传播方式，占领信息传播制高点。

2014 年 8 月 18 日，习近平总书记主持召开中央全面深化改革领导小组第四次会议，会议审议通过了《关于推动传统媒体与新兴媒体融合发展的指导意见》，"媒体融合"上升为国家战略。

2016 年 2 月 19 日，习近平总书记在党的新闻舆论工作座谈会上强调，坚持正确方向，创新方法手段，提高新闻舆论传播力、引导力。要推动融合发展，主动借助新媒体传播优势。习近平总书记清晰地描述了中国媒体融合发展由低级到高级的三个阶段、三重境界——从"相加"到"相融"再到"一体化"，"相加"是起步，"相融"是过程，"一体化"是最终形态。

在 2018 年 8 月 21 日召开的全国宣传思想工作会议上，习近平总书记再次强调，要把握正确舆论导向，提高新闻舆论传播力、引导力、影响力、公信力，巩固壮大主流思想舆论。

2019 年 1 月 25 日，中共中央政治局在人民日报社就全媒体时代和媒体融合发展举行第十二次集体学习。习近平总书记在主持学习时强调，推动媒体融合发展、建设全媒体已成为我们面临的一项紧迫课题。要运用信息革命成果，推动媒体融合向纵深发展，做大做强主流舆论，巩固全党全国人民团结奋斗的共同思想基础，为实现"两个一百年"奋斗目标、实现中华民族伟大复兴的中国梦提供强大精神力量和舆论支持。

如果说"全媒体传播体系"是媒体融合的发展方向，那么"做大做强主流舆论"就是媒体融合的清晰目标。传统媒体的核心任务是提升传播效果，其评判标准，就是习近平总书记关于新闻舆论"四力"的重要论断。在传播生态格局日新月异的环境下，主流媒体"四力"的实现不仅要充分发挥原有优势，更要不断调整自己适应和接受新技术推动下的新传播规律。因此，影响力焦虑成为当前传统媒体的痛点——在"信息找人"的时代，人们正在面对着海量的信息，在有着无数选择的情况下，谁能够把受众的注意力吸引过去，谁就能立于不败之地。曾经习惯于垂直关系、单向传播的主流媒体不得不进行深度变革，而且由于传统的主流媒体作为互联网的"后来者"或者说"移民"的身份，必须比"先来者""原住民"付出更多的精力与汗水才有可能"进得去""站得稳""吃得开"。

二、在文化权力下移的历史语境中观照媒体融合

习近平总书记的"1·25 讲话"中"四全媒体"的重要论断是对新媒体全面崛起、媒体融合不断发展之后的传播格局、舆论生态、传播方式做出的科学判断，全面深刻地阐释了当下中国所面临的媒体格局。对这一论断的认识，不仅需要我们与总书记此前的相关讲话联系起来进行解读，还需要放在业内外、

国内外传媒产业格局新变的大环境中进行解读，更需要放文化语境变迁、文化权力下移的历史语境中观照其深刻意义。

文化权力的下移趋势始自明代中后期，明初朱元璋明确倡导"一宗朱氏之学，令学者非五经、孔孟之书不读，非濂、洛、关、闽之学不讲"。文化权力由皇权贵族把持。而到了明代中期，风气为之一变，以文人、平民为主角的社会文化模式取代了皇权贵族把持文化权力的模式，夏允彝在《〈岳起堂稿〉序》中也在时代变迁的视角下概括了这一趋势。

"唐、宋之时，文章之贵贱操之在上，其权在贤公卿；其起也以多延奖，其合也或赞文以献，挟笔舌权而随其后，殆有如战国纵横士之为者。至国朝而操之在下，其权在能自立；其起也以同声相引重，其成也以悬书示人而人莫之能非。故前之贵于时也以骤，而今之贵于时也必久而后行。"（摘自陈子龙《陈忠裕公全集》卷首，清嘉庆年间刻本）

学术领域、社会风气上僭越之风的盛行，文化传播上戏曲小说等通俗文艺形式的流行，都显示着一种适应时代发展需求的新型文化传统的建立。这一建立过程稳定而漫长，直至今日，当然这样的过程并非匀速而是呈现加速推进的特征。信息技术出现后，大众发布信息和表达观点的平台日益增多，文化权力下移的趋势越来越迅速，并逐渐呈现去中心化、多元化、共谋性等特点，媒体融合则是这一趋势在传媒领域的具体体现。因此，媒体融合不仅在传媒生产内部产生深刻的影响，更是整体时代环境变迁的风向标，对人类整体文化都将产生影响。

根据媒介理论家麦克卢汉有关文化传媒的理论，人类文化可划分为3个时期：口传传媒文化、印刷传媒文化、电子传媒文化。当某一传媒占主导地位而成为权力传媒时，麦克卢汉就用这一权力传媒为时代命名。信息技术的发展使电子传媒成为权力传媒，成为传媒的主导力量，我们当前的时代就被命名为电子传媒时代。

媒体融合的7年，也是现代信息技术飞速发展、传媒产业格局不断改变的7年。以习近平同志为核心的党中央从全局和战略高度，不失时机地科学引领、顺势推动，以"加快传统媒体和新兴媒体融合发展"为起点，通过对媒体融合3个阶段的描述，最终提出了"推动媒体融合发展、建设全媒体"的发展战略，理论表述和趋势论断不断深化和具体化。特别是习近平总书记"1·25讲话"提出了"全媒体"的重要论断：全媒体不断发展，出现了全程媒体、全息媒体、全员媒体、全效媒体，信息无处不在、无所不及、无人不用，导致舆论生态、媒体格局、传播方式发生深刻变化，新闻舆论工作面临新的挑战。

三、全媒体是媒体深度融合的方向

媒介融合作为文化权力下移趋势的一个重要表征，其内在性质是动态的、过程性的，随着技术发展的不断进步，媒介融合也不会马上出现终点，它将带动所有媒体不断走向纵深，进而影响全社会的传播生态，而习近平总书记关于"四全媒体"的论断，点明了媒体融合发展的方向——"形成资源集约、结构合理、差异发展、协同高效的全媒体传播体系"。

全媒体传播体系有着鲜明的"全纳"特征：

第一，从媒体机构的角度看，传统媒体和新兴媒体、中央媒体和地方媒体、主流媒体和商业平台、大众化媒体和专业性媒体将在新的媒体生态中不断融合、取长补短，形成"你中有我、我中有你"的关系。

第二，从媒体从业者的角度看，同一媒体机构内部，在遵循相关道德规范、职业要求和法律规定的前提下，需要充分激活所有人的创作热情和网络嗅觉，大家共同创作、评论和分享，每个人去寻找适合自己的参与状态，同时需要更加灵活的激励机制使媒体人不断适应永远在线、永不休息的网络时代。在媒体机构与其他机构之间，人员特别是人才的流动与互通更加成为常态。内容生产人才培养是传统媒体的强项，技术操作人才、产品研发人才、媒体运营人才、市场营销人才则集中在新媒体机构，有的人才甚至还要到媒体机构之外的地方去网罗。

第三，从媒体融合的技术发展看，在物联网、人工智能、云技术等新技术推动下，万物皆媒的趋势越来越明显，丹尼尔·贝尔在《资本主义文化矛盾》中指出："当代文化正在变成一种视觉文化，而不是一种印刷文化，这是千真万确的事实。"传播的呈现形式不但更加多元，且以图文、视频、游戏、AR等视觉方式给用户更体贴的阅读体验。

第四，从媒体融合的前景看，技术融合只是基础，在此基础上的经济融合、社会融合、文化融合和全球融合才是方向。传媒产业与其他产业并非完全的平行关系，全媒体传播和媒体融合是这个时代的基座和主流思维方式——人们可以通过收发邮件和短信、拍照、摄像等方式创建数据内容；可以通过网络注册、登录、浏览与搜索等方式获取数据信息；可以通过微博、微信、快手或抖音等应用进行数据交流；可以通过开发与学习大数据、云计算、社交网络、移动互联等新兴技术解决数据问题；甚至可以通过使用各类衣食住行 APP 实现数字化生存……如果仍然把媒体融合简单地理解为传统媒体与新媒体的融合或者新闻与信息服务的多平台发布，就难免挂一漏万，跟不上时代发展的步伐。因此，

"媒体融合发展不仅是新闻单位的事，还要把我们掌握的社会思想文化公共资源、社会治理大数据、政策制定权的制度优势转化为巩固壮大主流思想舆论的综合优势"。全国有许多地方将新闻、信息服务、政务、社会服务相结合，其逻辑起点就是将媒体融合作为一种思维方式贯穿整个传播生态过程，取得了良好的效果。

"全"作为融的方向，是媒体融合推进和新技术应用发展到一定阶段的必然产物，是时代的大势所趋，也是媒体深度融合所必须面对的。只要在全程、全员、全息、全效4个方面有作为、有效能，还能管得住，用得好，就是成功。至于传统媒体和新兴媒体的区别、主流媒体和商业平台的界限，甚至传媒行业和其他行业的间隔，都变得不那么泾渭分明了。

四、媒体深度融合是主流媒体重塑影响力的唯一途径

电子传媒时代，"个个都有麦克风，人人都是广播台"，媒体的界限不断模糊，不同媒体平台的界限不断模糊，连高校新闻传播学各专业的边界也不断模糊。与此同时，文化个体通过参与电子媒介的文化生产获得了多重身份：既是传播者又是受众或用户，既是文化生产者又是文化消费者，既是媒体专业人士又是媒体业余人士。模糊意味着边界的消失，对应的是"融"；多重意味着分工的消解和重构，对应的是"全"。而最终的走向就是习近平总书记所说的"四全"：全程媒体是媒体生产方式各环节的模糊和融合，全息媒体是媒体表现方式与平台的模糊和融合，全员媒体是传播者和受众的模糊和融合，全效媒体是媒体功能的模糊和融合。而媒体融合发展的最终目的，从新闻舆论工作的角度看，就是要建构健康有序、充满活力的舆论生态；从文化生态的角度看，就是要在新的文化语境中，探索新的健康正向的文化权力实现路径，建设与中华民族伟大复兴相匹配的文化生态。因此，媒体深度融合意义上的整体转型就不仅仅是关乎一两家媒体发展命运的问题，它是整个民族复兴大业中的重要组成部分。

因此，只有加快主流媒体深度融合的步伐，将最核心的生产力放到最活跃的互联网尤其是移动端的生产线上，并遵循移动端传播的叙事思维、叙事逻辑和叙事语法进行适用性改造，才能消除当前主流媒体的影响力焦虑，增强传播效果，切实提升"四力"。

面对无处不在的自媒体和新媒体，就传播效果而言，在快、广、互、深、精、信这6个方面，主流媒体是呈上升趋势的，深、精、信是主流媒体的优势所在，

"信"更是主流媒体的核心竞争力。

一方面，主流媒体无法否认的事实是，由于新技术的应用个体的网络新闻传播者或非专业的新兴新闻传播机构在议程设置方面的能力大大提升，主流媒体的议程设置能力则有一定程度的弱化。事实上，由网络爆料、网络言论受到关注和热议，进而引发主流媒体跟进报道和评论的现象早已屡见不鲜。在"快"也就是新闻的时效性方面，非专业机构或者个人能够利用手机、平板电脑等移动终端，以及微博、微信、抖音等网络平台第一时间了解掌握新闻动态，极大地加快了转载速度，增强了受众对新闻的关注度，进而增强了新闻的时效性；在"广"也就是新闻的丰富性方面，新媒体传播打破了原有传统媒体传播的直线单向传播的局限性，普通受众和草根群体也加入信息环境创建的工作中，加强了议程设置的可选择性，丰富了社会公共议题，使得议程设置更加多元化；在"互"也就是新闻的交互性方面，新媒体使信息实现了多对多的在线实时交互式传播，从而打破了传播者对信息制造的控制权，信息传播不仅塑造着受众的认知，同时也传达出受众的态度。

另一方面，在新技术新媒体的激烈竞争中，主流媒体的比较优势和核心竞争力不但没有被消解，反而更加凸显。在"深"也就是新闻的深度方面，主流媒体有着强大而训练有素的采编团队、规范有序的工作流程、多年积累的丰富经验，其对新闻的深度挖掘能力和持续报道能力仍然是其他媒体机构或者个体新闻传播者无法比拟的；在"精"也就是新闻的精度方面，主流媒体有着较为强大的资本优势和机构优势，有实力"推动关键核心技术自主创新不断实现突破，探索将人工智能运用在新闻采集、生产、分发、接收、反馈中"；在"信"也就是新闻的权威性和公信力方面，全媒体环境下传播渠道虽然更加多元，但主流媒体在权威信息的获取等方面依然拥有绝对的话语权。综观近年来关于重大事件的新闻报道，不乏反转情节的出现，主流媒体的发声往往起着消除杂音、一锤定音、传递正音的作用，实现了"议程重置"，体现了主流媒体的责任担当。"公信力"越发成为主流媒体的核心竞争力。

推进媒体深度融合，化挑战为机遇，是主流媒体补齐短板的有效途径；同时，推进媒体深度融合，通过全媒体传播体系发挥叠加效应，也是主流媒体充分发挥核心竞争力和比较优势的有力途径。在发挥比较优势和核心竞争力方面，主流媒体需要主动承担社会责任，有问题意识，对好新闻、大事件、真问题要及时发声，"及时提供更多真实客观、观点鲜明的信息内容，牢牢掌握舆论场的主动权和主导权"；对人民群众普遍关切的问题要及时有效地回应，不发无病呻吟之言，不做无关痛痒之论；面对热点议题时不人云亦云，始终保持冷静的审视目光和独立的判断能力，并通过思辨和论证进行深度剖析，传递正确价值导向。在补齐短板方面，主流媒体需要打破原有的媒体集群进行颠覆性重构，积极打造新媒体矩阵，并与传统媒体平台形成立体化的新闻传播体系，让传统传播渠道与新媒体矩阵同时发力、配合作战，通过同质化信息的持续供给，形成全方位立体化的全媒体传播体系；进行受众细分，根据不同受众群体的偏好，通过全媒体传播体系提供内容丰富、形式多样的信息产品，形成无处不在的信息传播"圆形监狱"；畅通意见信息流通渠道，充分开发和利用新媒体互动功能，为不同群体搭建思想交流、观点争锋的平台，增强受众的参与感、存在感、认同感和归属感，并根据受众反馈调整传播策略。总之，主流媒体既要严格遵守新闻宣传工作的各项规则，也要充分尊重、积极接受经济技术飞速发展之下新的传播规律，这样才能将核心竞争力和比较优势通过"全媒体传播体系"产生的叠加动能充分发挥，重塑主流媒体影响力，不断"扩大主流价值影响力版图"。

从数百年来文化权力下移的历史大势出发，媒体深度融合是一项宏大的历史使命；从信息化社会和媒体发展大局的时代节点出发，媒体深度融合也是一个崭新的时代命题。无论是新媒体技术、互联网基础设施，还是中国互联网用户的规模，当代中国都呈现出激动人心的发展态势。历史发展的大势不可逆转，未来又充满各种不确定性，今天的中国媒体人须勇敢担负起社会责任，投身民族复兴的宏图大业中。毕竟，无论多么漫长的历史，都要归结到今天；无论多么美好的未来，都要从今天开始。

第四节　全媒体融合发展：趋势与方略

了解了全媒体之后再来看"四全媒体"，"四全"并不是四个孤立的概念，全程、全息、全员、全效，"四全"相互支撑、互相作用，从而形成一个有机的整体，而这也是全媒体到"四全媒体"发展的生态性进化。习近平同志2016年时就在党的新闻舆论工作座谈会上指出，媒体融合发展关键在融为一体、合而为一。

习近平同志对媒体舆论环境和传播方式发生的巨大变化的科学论断，从全新的角度和视野，概括了全媒体发展的趋势特点，为主流舆论全媒体融合发展指明了方向和路径。

一、全媒体深度融合，构筑主流舆论高地

在中共中央政治局第十二次集体学习时的重要讲话中，习近平总书记首先提到了"全媒体"一词，并指出"四全媒体"是在"全媒体"不断发展后出现的。

媒体在英文中被译为 Media，全媒体的英文单词则是 Omnimedia，加上的前缀带有"全""总""所有"的含义。

Omnimedia 一词 20 世纪末就曾在国外一些媒体中出现，从字面意思来看，这里的"全"更像是种类的齐全，因此全媒体概念出现之初，所谓的"全"不过是各种各样的媒体形式拼凑在一起的集合，而并非融合。

国内媒体报道中出现"全媒体"一词也大致在同一时期，但这一词语被广泛使用则是在十多年前。当时曾有媒体报道，北京奥运开幕式直播，全媒体受众接触率高达 98.1%，创历史最高。彼时的全媒体，也只是报刊、电视、广播等多种传统媒体形式的数量叠加。

全媒体的概念，在学术界并没有一个标准的定义，更像是一种应用层面和效果层面的概念。就当前来看，采用了文、图、视频、声音、动画、VR、H5等多种媒体表现形式，利用了电视、广播、报纸、杂志、网站等不同媒介平台发布，通过广电网络、移动网络、电信网络传播，用户可以在平面媒体、移动媒体、电视媒体等终端随时按需获取信息的传播方式，都可以称其为全媒体。

信息技术不停迭代，互联网革命促使传播格局发生了深刻变革，全媒体的内涵同样在不断深化。一般意义上说，2G 时代看文字，3G 时代读图，4G 时代播视频，如今 5G 的出现，也必将催生新的传播技术、承载平台和传媒业态，全媒体早已不再是简单的拼凑式叠加。

这个"人人都有麦克风"的时代，也是信息碎片化时代，信息的碎片化传播使话语权愈发平等，信息来源爆炸式增加，传播方式多种多样，传播渠道越来越便利，但"无反转不新闻"却成了当前普遍存在的现象。出现这个问题不能将责任全部归咎于自媒体，有时，一些主流媒体也为了争抢流量红利而加入推波助澜的队伍，究其原因，正是丢了媒体应有的政治意志和品格。

由此不难看出，"四全"是为了适应当下的舆论生态而产生的，"四全"是为了符合当下的媒体格局而产生的，"四全"是为了满足当下的传播体系要求而产生的。

习近平同志在党的新闻舆论工作座谈会上要求，尽快从"相加"阶段迈向"相融"阶段，从"你是你、我是我"变成"你中有我、我中有你"，进而变成"你就是我、我就是你"，着力打造一批新型主流媒体。

习近平同志强调，党的新闻舆论工作是党的一项重要工作，是治国理政、定国安邦的大事。做好党的新闻舆论工作，事关旗帜和道路，事关贯彻落实党的理论和路线方针政策，事关顺利推进党和国家各项事业，事关全党全国各族人民凝聚力和向心力，事关党和国家前途。要适应国内外形势发展，从党的工作全局出发把握定位，坚持党的领导，坚持正确政治方向，坚持以人民为中心的工作导向，尊重新闻传播规律，创新方法手段，切实提高党的新闻舆论传播力、引导力、影响力、公信力。

"你中有我、我中有你"是"相加"的升级版，而"你就是我、我就是你"是真正的"相融"。要切实提高党的新闻舆论传播力、引导力、影响力、公信力，实现全媒体的真正"相融"，这才是王道。

贯彻落实习近平总书记的重要指示精神，打造"四全"媒体，是创造主流舆论影响力的方法论，是提升包括党刊全媒体在内的主流舆论影响力的契机。在众声喧哗的全媒体时代，诚然"人人都有麦克风"，但抓在主流媒体手中的是"金话筒"，认真落实习近平总书记的"四全媒体"要求，改变传统语言生态方式，综合挖掘传统媒体和新兴媒体的不同优势特质，主流媒体、主流舆论方能在舆论高地"守正"、舆论场"创新"上扎稳舆论引导第一梯队的根基。因此，主流媒体必须充分认识和积极把握"四全媒体"这个媒体融合发展的契机，坚定地走好将媒体融合不断向纵深推进的必由之路。

二、坚定笃行融合使命，筑牢全媒体意志品格

党的十八大以来，习近平总书记曾在多个场合就媒体融合发表重要论述。打造"四全媒体"，贯彻落实总书记的重要指示精神，媒体人首先需坚定意志品格。

媒体融合改变的是传播方式、传播理念，不变的是媒体人的政治意志和品格。对于党刊党报而言，这个意志和品格就是坚持"党媒姓党"的原则，坚持马克思主义新闻观，引领正确的主流舆论导向和践行社会主义核心价值观。

习近平总书记曾用48个字，概括了在新的时代条件下党的新闻舆论工作的职责和使命，其中就讲到了"成风化人、凝心聚力，澄清谬误、明辨是非"。

新闻媒体尤其是党媒，是党和政府的喉舌，在进行全媒体建设的过程中，首先要坚持以宣传先进思想为己任，内容既要有高度，也要有深度和温度，要有鲜明的立场，要敢于"亮剑"。打造全媒体，我们要在把党和政府的声音传播得准的基础上，向着传播得快、传播得好的方向努力，守好意识形态阵地，

把好信息传播的主方向，确保正确的舆论导向不动摇。

打造全媒体的目的是为了做大做强主流舆论，巩固全党全国人民团结奋斗的共同思想基础，为实现"两个一百年"奋斗目标、实现中华民族伟大复兴的中国梦提供强大精神力量和舆论支持。方向比结果更重要，方向对了，结果才会有效。我们要克服媒体融合"为全而全""为融而融"，或片面争夺"眼球"而丢失了根本的政治意志品格的弊端。正如2014年8月习近平总书记在中央全面深化改革领导小组第四次会议上发表重要讲话时强调，要一手抓融合，一手抓管理，确保融合发展沿着正确方向推进。

全媒体不断发展，出现了全程媒体、全息媒体、全员媒体、全效媒体，习近平总书记强调指出，信息无处不在、无所不及、无人不用，导致舆论生态、媒体格局、传播方式发生深刻变化，新闻舆论工作面临新的挑战。

打造"全媒体"，要始终坚守政治意志和品格，牢记肩负的重大使命，不能为了博眼球而做罔顾事实的标题党，不能为了抢流量要猛料而放弃价值观，而是要以"四全"为武器，给问题以警醒、给困顿以希望，让好声音更加响亮、让正能量更加强劲，让主旋律更加高昂。

在通向"四全媒体"的路上，党媒必然会遇到来自自媒体等新兴媒体在话语权上的挑战，要守好舆论阵地，就要向着更深入的方向融合。对于党媒来说，要满足受众需求引导受众，而不能一味迎合受众。

"满足"是指从改变旧姿态入手，改变传统的话语方式，用用户喜欢的方式传播优质的内容，把"我说你听"的模式演变成"相互讨论"，和受众平等交流，按照新闻传播的特点和规律，更好地服务受众，满足人们的个性化、差异化、多样化需求。

"不能一味迎合"，则指党媒永远有着绝对的权威性，越是纷繁复杂的环境，就越要发出正确的声音，而打造"四全媒体"，也正是为了能让这一声音愈发清晰明确，形成舆论场里的"定音锤""定海针"。

"四全媒体"建设道阻且长。当前的党媒或许存在着这样那样的短板，但只要权威性这块"长板"不丢，引领正确的舆论导向和价值观的初心不丢，就一定能达成目标。

"一切向前走，都不能忘记走过的路；走得再远、走到再光辉的未来，也不能忘记走过的过去，不能忘记为什么出发。"这是习近平总书记在庆祝中国共产党成立95周年大会上发表重要讲话时的要求，媒体融合同样如是。

三、深耕精作立体化传播，全媒体多维发力

"四全媒体"主要对应的是时效、技术、组织、生态。主流舆论媒体人必须以总书记的全媒体理念为指引，不断打造更优更强的优质的新闻舆论产品，在媒体融合的考验中不断锤炼脚力、眼力、脑力、笔力，书写更多更好的时代华章。

（一）"全程媒体"重"时效"

时效性要求媒体必须走出定期、定时的固有"框框套套"，将一个个"第一时间"融合成全时间点覆盖和全流程追踪。对于热点、突发事件，媒体要能够及时准确地进行舆情监控和及时跟进、编审、发布，变以天、月计算的出版周期为以分、秒计算的发布速度。

时效性意味着媒体话语体系和表达方式的转变，从以往单向的内容输出变成现今双向的交流互动，继而把读者的所思所想、交流反馈体现在新闻报道中，第一时间聆听，第一时间回应，比如常见的移动终端视频直播，就是这种模式。

时效性也意味着传统的采编流程需要重构，打破传统意义上部门之间的藩篱，使同时采集的同一份内容，针对不同受众的需求做出不同形式的呈现，在不同平台通过不同渠道进行多种形式的发布。以重庆市委党刊全媒体为例，随着全媒体理念的不断深化和"四全媒体"打造的不断深入，重庆市委党刊全媒体已经形成了以重庆市委党建门户"七一客户端"为支点的"十一五六"全媒体传播格局，这一个"支点"，就是重庆市委党刊全体编辑记者内容编发的第一落点。重庆市委党刊转变以往杂志出刊后内容再上网的操作流程，转为所有内容第一时间在新媒体发布，使客户端成为重庆党刊社主流舆论阵地。与此同时，重庆党刊还打破部门界限，根据选题的不同特点，组合不同部门的采编力量完成任务，使内容的可读性和形式的丰富性得到极大提升。

（二）"全息媒体"重"技术"

技术是媒体融合转型升级的科技驱动力。2013年，习近平总书记在全国宣传思想工作会议上发表重要讲话时要求，手段创新，就是要积极探索有利于破解工作难题的新举措新办法，特别是要适应社会信息化持续推进的新情况，加快传统媒体和新兴媒体融合发展，充分运用新技术新应用创新媒体传播方式，占领信息传播制高点。

传统媒体尤其是主流媒体内容优势毋庸置疑，在媒体融合的当下，要做的就是让好声音借助好形式传播得更广更深更远。一方面，技术指的是新兴技术

的运用，通过带给读者崭新的阅读体验，吸引住受众，在话语权实现的过程中提升影响力。比如，2017 年人民日报客户端推出的"我的军装照"新媒体项目，就借助技术优势风靡一时。如今 AR、MR 也已经走进大众视野，在不久的将来，或许也将成为新闻报道的常见形式之一。另一方面，技术还包括已有技术的优化升级与融合，从效果上来说，就是用户体验的优化，将已经广泛使用的技术形式做得更流畅，进一步抓牢读者，并赢得更多的关注与推广。同时也要针对不同内容，选择最恰当的形式，综合运用不同表现形式的优势，立体化呈现所要传播的内容，不断提升优质内容的表现力。

从党刊全媒体发展态势来看，如今的党刊，不再是传统意义上的杂志（纸质刊物），已经成为全媒体呈现的各种载体。编辑通过二维码，使纸质刊物上的内容与 PC、手机客户端相关联，在确保内容安全的前提下，实现信息量的倍数增加，同时也实现形式上的多维拓展，H5、VR 等形式目前已经是《当代党员》《党课参考》《党员文摘》上常用的技术形式。随着 5G 的充分应用，党刊全媒体也将把 AR、MR 等技术有机融合到杂志中，重新塑造读者的阅读体验。

（三）"全员媒体"重"组织"

媒体融合，关键是人的融合。"全员"不能简单地理解为在媒体单位工作的媒体人，在信息传播愈发便捷的今天，自媒体不断发展，已经是主流媒体之外的一支重要内容生产力量，主流媒体能否将这支力量转为己用，也应成为媒体融合效果的评价标准之一。

主力军上主战场，首先，媒体行业里从事内容生产的媒体人，要守牢舆论阵地，占领舆论高地，强而有力的采编队伍是基本保证。2018 年的全国宣传思想工作会议上，习近平总书记殷切期望宣传思想战线广大干部"增强本领能力"，提出了"增强脚力、眼力、脑力、笔力"的要求。这"四力"不仅是采编人员提高业务能力的要求，更是媒体人提高业务能力的方法路径。

其次，媒体行业里其他岗位的媒体人，在打造"四全媒体"要求下，要实现全员参与、全员生产、全员传播，因此没有谁是"局外人"。对于党媒而言，要重构组织流程，打破原有的部门和层级，将技术、运维、发行、媒拓等力量融合进原有的内容团队，通过多元整合建立起适应新媒体环境的新队伍，实现团队整体能力的进一步提升。

另外，还有媒体行业以外的内容生产者。党媒应侧重平台的构建，营造良好的内容生态环境，最终动员广泛的社会力量，形成多元传播、全员传播。习近平总书记曾强调，读者在哪里，受众在哪里，宣传报道的触角就要伸向哪里，宣传思想工作的着力点和落脚点就要放在哪里。在落实习近平总书记要求的同时，如果我们能将高水平的读者转化为我们的作者，那么主流媒体的触角一定会抓得更牢，落脚点也一定会站得更稳。

以重庆市委党刊全媒体为例，如今党刊社已经转型为党刊全媒体平台和内容生产者的集合体，数十年来凝聚了三四百名各行各业的知名专家、学者，党刊社在重大主题报道中，向他们既"借智"也"借威"。做大做强主流媒体，他们发挥着不可或缺的作用。

（四）"全效媒体"重"生态"

从媒体的功能性来说，内容的发布是过去媒体的主业。所谓全效，就是要求媒体不能再停留于信息发布的层面，而是要更深一层地投入信息服务层面，基于内容的发布，将政务、服务、社交等多种功能融于一体，实现功能的最大化和传播效果的最大化，建立起一个完整的生态链。

全效媒体是对媒体融合提出的更高要求。我们要让媒体兼具更多职能，首先要巩固媒体的信息发布职能，无论是单篇新闻报道还是整个媒体的发展转型，好的内容永远是第一位的，在此基础上，为内容添加服务性，也就实现了社会效益和经济效益的双丰收。

全效媒体是媒体融合发展的必然选择。在"全程""全息""全员"的发展过程中，随着大数据智能化的深入应用，读者的画像已经越来越清晰，媒体已经可以根据读者需要进行精准推送，同时根据用户口味作出及时调整。随着读者黏性的逐步提高和互动的不断深入，媒体平台内部生态的完善也就成了必然。

全效媒体的发展，将促进媒体深度融合深层次实现。有了全效媒体，信息将传播得更远，舆论将引导得更及时、服务也会做得更到位，在媒体向读者释放强大效能的同时，产生的经济效益也将使媒体在"全程""全息""全员"的发展中得到更好地支撑，从而催化媒体融合发生更深层次的质变，进而更好地吸引和抓住读者用户。

以重庆市委党刊全媒体为例，随着"不忘初心、牢记使命"主题教育活动的启动，全媒体制作并发布了"初心·使命"微党课 100 讲，每日一更的微党课已被新华网、人民网、学习强国、共产党员网、网易、搜狐等上千家网端平台转载，浏览量"1300 万 +"。同时，这一作品的视频、文案、PPT 等资料也被制作成了实体 U 盘，受到读者的广泛欢迎，既为主题教育营造了浓厚舆论氛

围，也满足了读者希望有更丰富的党课内容的实际需求，从而形成了全效传播。

习近平总书记的"四全媒体"重要论述，是对主流媒体在媒体融合发展中提出的新的重大课题和趋势导向，同时也指明了主流媒体发展的方略和路径。"全员""全程""全息""全效"构成了一个相互促进、有机结合的整体，使得传播更迅速、形式更灵活、内容更丰富、产品更多样、效益更丰厚。

推动媒体融合向纵深发展，打造"四全媒体"，在深刻理解"四全"的本质和内涵的基础上，主流媒体工作者应守正创新、锐意进取，应势而动、迎难而上，通过打造"四全媒体"，实现传播效果最大化，让主流价值在舆论场中的声音更加响亮。

第二章 高校思政教育创新研究

第一节 高校思政教育与创新创业教育融合发展

高校思政教育和创新创业教育融合发展是教育改革的重要举措。两种教育在教育目标、教学内容、价值取向上有很高的契合度,二者相互融合,相互促进。具体融合的途径为:树立两种教育融合发展的教育理念;完善课程体系建设;理论与实践结合;强化师资力量建设;营造思政教育和创新创业教育相互融合的校园文化氛围。

党的十九大明确提出"创新是引领发展的第一动力,是建设现代化经济体系的战略支撑,要坚定实施创新驱动发展战略,加快建设创新型国家"。而创新创业教育是为建设创新型国家提供人才和智力支撑的重要途径。因此,近几年党和国家高度重视创新创业教育,并把它上升为国家发展的重大战略举措。2019年3月,习近平总书记在学校思想政治理论课教师座谈会上强调:"办好思想政治理论课,最根本的是要全面贯彻党的教育方针,解决好培养什么人、怎样培养人、为谁培养人这个根本问题。"习近平总书记指出用新时代中国特色社会主义思想铸魂育人,贯彻党的教育方针落实立德树人根本任务,思政课作用不可替代,思政课教师队伍责任重大。将思政教育融入创新创业教育是高校立德树人的重要举措,也是为国家培养全面发展接班人的现实需要。

一、思政教育与创新创业教育融合发展的可行性

(一)教育目标的一致性

中共中央、国务院《关于进一步加强和改进大学生思想政治教育的意见》明确提出了思政教育的目标:"以理想信念教育为核心,以爱国主义教育为重

点，以思想道德建设为基础，以大学生全面发展为目标。"思政教育通过对大学生进行道德培育和价值引领，引导大学生树立正确的世界观、人生观和价值观，为社会主义事业培养全面发展的接班人，它的本质是培养人的素质教育。创新创业教育是通过对大学生的创新意识、创新思维、创新和创业能力的训练，使他们成为高素质的创新型人才，为建设创新型国家提供人才支撑。创新创业教育把创新思维和创新能力作为核心教育内容，除此之外，还包括勇于探索、敢为人先、拼搏奋斗等创业活动需要的品质，旨在把学生培养成中国特色社会主义高素质的现代化创新型人才，这与思政教育的培养目标具有高度契合性。在社会职业领域深刻变革的今天，创新创业教育追求更高的人才培养规格，即培养德才兼备的创新型人才，其实是一种高水平的素质教育。由此可见，二者在育人理念上是完全统一的，即培养全面发展的中国特色社会主义事业接班人。

（二）内容和方式的互融性

高校创新创业教育其实也是人生理想信念教育的一种具体形式，从本质上来说，也是一种培养全面发展人才和健全人格的素质教育。创新创业教育在教育内容方面与思政教育有很多相互交叉、相互融合之处。一方面，创新创业教育把勇于冒险、大胆创新、乐观积极、团结合作等创新创业活动所需的品质渗透在思政教育中，丰富和创新了思政教育的基本内容。反过来，思政教育则通过对学生进行理想信念、道德价值观等方面的教育，把社会主流价值观恰当融入创新意识、创业精神、创新和创业能力的培养过程，这种情况下，理想信念教育显得更灵活，更有效。另一方面，思政教育强调的集体主义精神其实包含着创新创业教育重视的协作意识和团队精神等，有助于培养学生的团结协作、拼搏进取、勇于竞争等积极向上的人格品质，为学生更好地开展创新创业提供支撑。因此二者的教学内容是相互融合的。

思政教育和创新创业教育在教学方式上也是相通的，都不能单纯依靠课堂教学。为了获得更好的教学效果，要通过理论与实践、课内与课外、线上与线下、学校和家庭等多方面、多种形式的教学方式，充分发挥学生的主体作用，共同达到预期的教学目标。

（三）价值取向的一致

高校思政教育为了更好地实现立德树人、服务社会的价值追求，以社会主义核心价值观为主流价值标准，来培养全面发展的社会主义事业的建设者和可靠接班人。创新创业教育以培养学生独立创新、敢为人先、勇于尝试等品格为价值追求，使学生通过开展创新创业实现自身价值，进而更好地服务社会，体现了改革创新的时代精神。创新创业教育要求学生不仅要树立远大理想和崇高目标，更要在创业实践活动中具备敢闯敢拼、越挫越勇、乐观向上的良好心理素质和诚实守信、乐于奉献、积极进取的职业素养，这与当下思政教育的价值取向是一致的，也高度契合了社会主义核心价值观。

二、思政教育和创新创业教育融合的必要性

（一）创新创业教育可以提高思政教育的针对性和实效性

思想政治教育是高校教育中基础性、关键性、方向性的内容，是一种培养价值观的教育。传统的思政教育重理论轻实践，重灌输轻对话，在教育内容上重知识传授轻经验传递，而且还存在着教育手段单一、内容单调等问题，教学效果不理想。把创新创业教育的内容穿插在思政课教学中，既丰富了思政课教学内容，又使两者的教学目标有机地融为一体。创新创业教育在培养学生开拓创新的魄力、积极进取的意识、勇担风险的心理品质和百折不挠的创新创业精神的同时，引导他们选择正确的价值取向。创业教育的实践性很强，其教学内容更加贴近学生学习、生活与就业创业实际，可以弱化思政教育中的"说教"色彩，使思政理论课教学内容更接地气，有利于提高思政教育的实效性和针对性。

（二）思政教育为创新创业教育引领方向，保驾护航

高校思政教育是创新创业教育的重要基础。创新创业教育在我国还处于起步和探索阶段，因此存在不成熟、不完善的地方。当前，一些高校在开展创新创业教育时，过于强调创新创业知识和创业技能技巧的传授，创新创业教育偶有利益过度化或急功近利的不良现象，有违教育的初衷。因此，要真正达到创新创业的教育目的，必须要有思政教育保驾护航，指引价值方向。思政教育引导大学生树立科学的创业观和价值观，培养大学生优良的创业品格，可以激发大学生的创业热情，实现自我价值，更好地服务社会，提高创新创业教育的质量和水平。

科学技术和互联网高速发展的信息社会，为青年创新创业提供了强大的网络平台。创业青年尽情享受互联网带来的便利性，他们的创新创业的主观能动性可以得到更好地发挥。但在具体创新创业实践中，一些创业者不能理性运用互联网平台，缺乏坚定的理想信念，导致创新创业受挫，最终误入歧途，影响了事业和人生的可持续发展。将思政教育融入创新创业教育可以有效引导学生

的思想，指引正确的政治方向，形成正确的价值观，帮助学生在创新创业实践中少走弯路，提高创新创业的成功率。

（三）思政教育与创新创业教育融合，促进学生的全面发展

思政教育和创新创业教育都是为社会发展培养全面发展的人才。创新创业教育通过培养学生创新精神和创业能力促进学生全面发展；思政教育则通过强调理想信念教育、核心价值观培养等教育活动，促进学生整体素质的提升。二者的有效融合不仅有利于改变思政教学方法单一、教学环境单调等问题，而且可以有效丰富创业教育内容，实现思政教育和创新创业教育的双赢，从而全面促进大学生的成长与成才。

三、高校思政教育与创新创业教育融合发展的路径

（一）树立两种教育融合发展的教育理念

理念是行动的向导，思政教育和创新创业教育的教育理念要相互融合，这是实现二者相互融合的前提。高校思政教育不仅要以大学生道德品质、政治觉悟的整体性提升为目标，更要立足当代大学生成长成才展现的新特点以及新时代社会发展对人才素质的新要求。而创新创业教育正是以社会需求和学生的可持续发展为出发点。高校创新创业教育是思政教育改革的一个着力点，努力培养学生的理想信念、团队协作精神、艰苦奋斗精神，有助于提高思政教育的针对性、时代性和实效性。

教师要积极转变育人理念和思路，勇于探索适应新时期二者融合发展的方式、方法，建立思政教育和创新创业教育同步进行的有效机制，不断培养大学生的创新创业素养，激发大学生的创业动机，切实提高教育成效，提高人才培养质量。学生要积极接受两种教育，树立科学的择业观和就业观，意识到思政教育融入创新创业教育对于培养创新意识和创新能力的意义。

（二）完善课程体系建设。

首先要加强创新创业"课程思政"建设，在课堂教学中将创新创业教育与思想政治教育互相融合。一方面是努力加强"课程思政"建设，真正做到思政教育"进课堂、进教材、进头脑"。在思政课堂教学中，教师要主动开发创新创业教育资源，还可以通过视频、图片、动画、案例等内容和微课、慕课等形式，将创新创业内容融入思政课程体系中。这样有助于完善大学生的知识结构，树立正确的世界观、人生观和价值观，为迎接创新创业的挑战做好准备。另一

方面是健全创新创业课程体系，在创新创业教育中巧妙地融入思政基因，除设置创新思维、创业能力等专业性的课程以外，还要增加一些关于创业精神、社会责任、创业法务等课程，形成多层次、立体化的创新创业课程体系。高校将创新创业教育课程体系融入思政教学，形成高度融合的课程体系，进而提高创新创业教育质量。

（三）理论与实践结合

高校要整合各种资源为思政教育和创新创业教育的实践教学提供平台，让学生把创新创业与思政教育的理论知识与实践相结合。创新创业教育是实践性很强的教学活动，可以利用教育资源、网络资源、科研资源等，创建大学生科研基地、创业园和创业社团组织等，为学生提供技术支持和指导，让学生的创新意识、创业能力在这些实践基地中自主发挥，让学生切实感受创新创业的魅力，提升自身的综合素质。在实践活动中要体现思政元素，可以在创新创业网络信息化平台上增添"创业精神""企业社会责任""创业模范""创业法规"等板块，也可以通过创新创业大赛、企业家讲座、企业实地参观等实践活动载体，传递创业精神、社会责任，让理论和实践有机融合。

（四）加强师资队伍建设

教师是教育的实施者，要想使两种教育很好地融合发展，离不开一支优秀的教师队伍。高校要培养能够开展两种教育互融教学的教师。一方面，高校要不断加强创新创业教师的思想政治培训，这是保证"课程思政"建设的有效手段。做好创新创业教育"课程思政"建设，思政专业教师需要积极参与创新创业教育，提供专业意见。两类专业的教师共同进行教学方案和教学内容的设计，制定考核标准，保证内容、手段衔接有序，信息及时更新。另一方面，高校要加强对思政教师的创新创业实践培训。高校思政理论课教师大多受专业限制，一般缺乏创新创业经验和企业经历，对创业知识、创业流程和企业经营管理了解甚少，因而很难在思政课教学中开展鲜活有效的创业教育。所以高校要加强两种专业教师的培训，优势互补，打造一支水平高、能力强、跨专业、专兼结合的动态发展的师资队伍。

（五）营造思政教育和创新创业教育相互融合的校园文化氛围

思政教育和创新创业教育的融合发展离不开促进二者相互融合的校园文化氛围。高校思政教育可以通过校园网、广播站、微信、微博等校园文化载体，大力弘扬创业精神，发挥环境育人的文化功能。树立创业典型，学校可以邀请科技、文化等方面的专家及优秀企业家、成功的创业校友进校园，开展"上一堂好课"活动，讲述他们的故事，运用思政力量在创业成功路上的育人功能，坚定学生的理想信念，激发他们创新创业的热情。良好的校园创业文化环境可以在潜移默化中培养大学生创新创业精神，使学生将创新创业意识转化为自觉的创业行动。

综上所述，思政教育和创新创业教育融合发展是一个长期的过程。在此过程中，高校将思政教育与创新创业教育有机融合，要以更新教育理念、优化课程体系、搭建实践平台、强化师资队伍建设、营造校园文化氛围等各方面为抓手，在具体工作中将二者充分结合，引导学生树立正确的价值观，培养学生创新创业的素养和能力，使他们成为契合社会需求的高素质人才。高校思政教育与创新创业教育相互融合，不仅可以提高思政教育的实效性，体现思政教育的人文关怀和价值引领，而且为创新创业教育指明了正确的发展方向，可以有力地促进学生的全面发展，为社会发展培养全面发展的创新型人才。

第二节　高校思政教育发展与创新方法研究

一、"互联网＋"助推高校思政教育创新

随着互联网和计算机的发展，企业对人才的要求越来越高，为了顺应时代发展，为社会培养更多对口的人才，高校需要对思政教育进行创新，优化教学内容和教学形式。本文重点对"互联网＋"时代背景下的高校思政教育创新策略进行探讨。

我国高校的思政教育主要以固定模式围绕理论知识展开教育，不易激发学生的学习兴趣。互联网的普及与应用对高校学生产生强大的吸引力，不仅为学生提供了发表言论、活跃思维的平台，还让学生有了更多的机会实现自我价值。所以，高校思政教师必须结合现阶段学生的学习特点，创新思政教育模式，优化思政教育内容，充分发挥思政教育的作用。

（一）"互联网＋"时代背景下高校思政教育创新的必要性

在"互联网＋"时代背景下，高校非常有必要进行思政教育创新，主要体现在以下几点：第一，目前，我国高校思政教育在具体实施过程中容易受到多种因素的影响。随着社会的不断发展，人们的观念也在不断变化，高校思政教育必须紧跟时代发展，正面迎接瞬息万变的社会带来的机遇，实现中国特色的

社会主义建设目标。第二，顺应"互联网＋"的发展趋势，分析社会发展对于人才的需求，不断创新和优化思政教育内容，发挥高校教育的价值，为国家培养更多高素质的人才。第三，"互联网＋"与教育的有机融合对教育事业的影响很大，尤其是微博、微课、微信公众号等信息传播形式的出现对以往的思政教育理念、思政教育模式产生了冲击，只有将"互联网＋"与思政教育紧密结合起来，才能促进信息技术和教育实践的共同发展。

（二）"互联网＋"时代背景下高校思政教育的特点

1. 教育途径多样化发展

在"互联网＋"时代背景下，高校思政教育具有教育途径多样化发展的特点。现阶段，在高校思政教育实践中，各种互联网技术的应用使高校教学资源及教育平台变得丰富，思政教育方式越来越多样化，高校学生可以通过更多途径获取自己需要的知识。另外，互联网技术中的多媒体技术已经成为众多一线思政教师的主要教学手段，在高校思政教育中得到普及。同时微博、微信公众号等平台在高校思政教育中的应用，有效调动了学生学习思政教育的积极性，加强了思政教师与学生之间的互动，使教学内容和教学方法发生了变化。

2. 提高了对高校思政教师的素质与能力要求

在"互联网＋"时代背景下，高校思政教育对于一线教师的素质与能力提出了更高的要求。虽然互联网技术的发展，多媒体教学设备的应用为高校思政教育提供了很大的方便，但是"互联网＋"时代下，网络上充斥大量信息，还没有形成完善的监督管理体系，网络信息的发布和转载在严谨性和科学性方面都有待提升。学生在通过互联网方便、快捷地获取自己需要的知识的同时，也会因为社会经验不足，对信息的真实性缺乏较强的辨别能力而受到不良信息的影响。要想在"互联网＋"时代背景下开展思政教育，保证思政教育时效性，教师必须提高一线思政教育的教学能力和教学素质，及时针对当前学生最关注的热点话题进行探讨，培养并提高学生的辨别能力，让学生学会辨别网络信息的真伪，培养学生坚定的意志，使学生能抵御来自社会中的不良诱惑，实现自我价值的提升。

（三）"互联网＋"时代背景下高校思政教育创新难点

1. 高校思政教师的知识储备与综合素养有待提升

在"互联网＋"时代背景下，以往的教学模式已经不易激发学生的学习兴趣，难以满足当今阶段思政教育的实践要求。互联网的普及使学生可以自由沟通交流，更加方便、高效地获取知识和信息，可以通过各种各样的形式汲取知识。在这种形势下，一线思政教师现有的知识储备及综合素养稍显不足。在"互联网+"时代背景下，思政教师不仅要传授学生基本的思政理论知识，更要对互联网有客观的把握，分析互联网对学生的影响，关注"互联网+"时代下学生思想的变化趋势，然后有针对性地应用互联网技术提高思政教育质量。所以，一线思政教师需要不断为自己"充电"，增加知识储备量，提高综合素养。

2. 高校思政教育过程相对复杂

在"互联网+"时代背景下，思政教育课程的教学资源越来越多，在为创新思政教育奠定基础的同时，让思政教育工作变得比较复杂，主要表现在以下两点：第一，互联网中的思政教育资源日益丰富，高校思政教师必须不断提高专业素养，巩固专业能力，同时积累教育经验，科学筛选网络中的教学资源，并结合教学内容及生活实际整合教学资源，帮助学生掌握思政教育内涵，通过实践加深对思政教育的感悟。第二，大学阶段是学生形成世界观、人生观和价值观的关键阶段，此时学生尚未具备强大的心理防线，容易对互联网过于依赖。

（四）"互联网+"时代背景下高校思政教育创新策略

1. 创新思政教育观念

在"互联网+"时代背景下，必须实现高校思政教育观念的创新，才能实现思政教育工作的创新。创新高校思政教育观念的意思是，思政教师要突破固有的教育思维模式，顺应时代的发展，主动通过互联网与学生沟通，参与到学生对热点话题的讨论当中，并通过互联网语言回应学生的问题，引导学生形成正确的思想观念。需要注意的是，互联网语言的应用可以有效拉近教师与学生之间的距离。在思政教育过程中，思政教师需要主动浏览学生经常登录的网站，搜集学生关注的热点话题。只有在相同的互联网平台上出现，教师和学生的距离才能最大限度地缩短，学生才容易对教师产生亲切感。在思政教育中，教师只有采用学生容易接受的教育方式，融入学生关注的高频话题，才能够真正有效提高思政教育质量，对学生进行正确的思想引导。

2. 创新思政教育方式

在"互联网+"时代背景下实施高校思政教育，教师应该结合学生当前的思想动态和行为特点，将课堂教学模式与互联网教育模式结合起来，活跃课堂氛围，让学生主动参与到课堂教学活动中，实现教师与学生的互动，发挥思政教育的作用，引导学生树立正确的思想观念。互联网是现阶段应用最广泛的社交工具，学生在运用互联网的过程中容易出现困惑。教师只有加强对学生的关注，及时发现这些困惑，并通过互联网教育形式或者课堂教育形式进行正确的疏导，才能真正利用互联网发挥思政教育的作用。

3.创新思政教育手段

在"互联网+"时代背景下实施高校思政教育，教师还需要创新教育手段。第一，思政教师要全面分析互联网的优势，增强高校思政教育信息平台的安全性。第二，思政教师要通过互联网技术搭建思政教育资源共享平台，将互联网教育与以往的教育有机结合，通过互联网教育对以往的教育进行延伸，及时解决学生在学习过程中遇到的问题和困难，突破以往的教育时间、空间的限制。第三，思政教育要借助以往的教育面对面、交流效率高的优势，设计各种文化活动疏导学生的心理问题，让学生在实践活动中陶冶情操、净化心灵。

4.创新思政教育网络平台

在"互联网+"时代背景下实施思政教育，必须借助互联网的优势拓宽学生的学习空间，优化学生的学习环境。例如，可以创新思政教育网络平台，全面整合思政教材内容与时事热点话题，注重理论知识与社会实践的结合，确保学生在掌握专业理论知识的同时，将所学应用到生活实际中解决问题。教师可以通过思政教育网络平台，引导学生主动提问，及时搜集学生在学习过程中的疑难问题，有针对性地调整教学计划，提高教学质量。此外，教师也可以直面互联网对学生思想的冲击，不断提高专业修养，不断提高教育能力，推动在"互联网+"时代背景下思政教育的不断创新。

在"互联网+"时代背景下高校思政教育面临着很多机遇与问题。各种互联网技术的发展为高校思政教育的创新创造了良好的条件。在"互联网+"时代背景下进行高校思政教育的创新是顺应时代发展趋势的体现。所以，我们要积极创新思政教育观念、思政教育方式、教育手段和思政教育网络平台，努力提高高校思政教育质量，发挥高校思政教育的真正作用。

二、短视频时代高校思政教育的创新

短视频APP在中国社会流行，并将中国社会带入了媒体融合的互联网时代。媒体融合时代在给高校思政教育带来了教育形态和方式变革契机的同时，也给推进我国高校思想政治工作带来了新的挑战。在短视频流行的网络背景下，如何实现高校思政教育工作创新，与时俱进地做好大学生的思想教育工作，具有重要的理论和现实意义。我们应在分析短视频平台属性特点的基础上，就如何借助短视频这一热点网络工具，创新高校思政教育工作进行思考，并提出相应的建议。

社交短视频凭借鲜活的内容、生动的表达、魔性的时尚感等特点，在当代大学生流行文化中占据一席之地。高校思政教育工作如果直面社交短视频这一颇为新潮的网络媒介，势必会更深入地对高校学生思想动态、情感诉求、个人需求进行把握，对强化大学生思想建设、提高高校思政教育水平具有重要作用。

（一）短视频时代背景下的高校思政教育现状

《中国互联网络发展状况统计报告》数据显示，截至 2018 年底我国现有网民数量为 8.29 亿，短视频用户为 6.48 亿，占总网民数量比重的近 3/4。在使用群体方面，中青少年为用户主流，20 ～ 29 岁的网民占比最高，高校学生多处于这一年龄段。从数据分析可以看出，短视频平台俨然成为高校思政教育的重要"高地"，甚至可以说得短视频平台便得高校思政教育制高点。

互联网信息统计数据显示，各主流短视频平台用户数和月活跃数量惊人。目前我国网络社会的短视频呈现蓬勃发展的态势，抖音平台月度活跃人数已达 5 亿，日度活跃人数已达 3.2 亿，已成为用户占比最高的移动端短视频平台。紧随其后的快手短视频，月度活跃数据亦达到 3.4 亿人，腾讯旗下的微视凭借腾讯强大的用户生态支持，月度活跃人数也在 1 亿人左右。

自 2018 年以来，国内高校开始逐步重视短视频平台在大学生思想政治教育中的重要作用，纷纷入驻主流短视频平台，并开展相应的宣传教育和推广工作。以抖音为例，目前有近 2000 家学校入驻，50% 的"双一流"高校开通了抖音官方账号。

从发布内容看，大部分高校发布的短视频内容与校园主题相关联，例如校园活动、校园文化建设、学生生活场景等。从内容宣传效果看，播放量和点赞量高的视频多与时事热点相契合，同时符合所在平台特点，获得了较好的传播和教育效果，但数量较少。总体看高校在内容策划和优化能力方面仍需加强，尚未形成体系。从平台运营看，调研结果显示大多数高校的短视频平台运营由学校党委宣传部负责，同时通过组织、培养学生团队开展日常运维工作，但是从运营机制、作品创意、投稿管理、团队探索、激励反馈等方面看，尚未形成比较成熟稳定的模式。从短视频平台的粉丝数量看，以抖音为例，目前粉丝量较高的为清华大学，粉丝数超过 180 万，但是整体看大部分高校的短视频粉丝量仍处于发展期，尚有较大的增长空间。

（二）高校思政教育工作面临的问题

在当下以短视频为代表的媒体融合时代，高校思政教育工作在资源整合能力、人才队伍建设、学生主体教育地位体现等方面存在不足。

1. 效果有待强化，模式亟待转变

高校是意识形态领域的重要阵地，肩负培养社会主义接班人的重大使命，是掌控意识形态领域话语权的重要抓手。当下的思政课及思政教育模式仍偏重于传统的照本宣科的宣教式教育，这样的模式直接导致课堂趣味性较低，对学生的吸引力不够。相比之下，短视频因形式新颖、内容多元、传播快速，成为学生的新宠。部分学生在思政课堂刷短视频、走神溜号，课堂传统教学的出勤率、听课率、互动率出现明显下滑，教学效果不佳。加之，大学生在思想上处于世界观和人生观形成的重要阶段，对短视频平台推送的形形色色的信息，缺乏足够的识别判断能力。据笔者在高校发放的样本调查数据显示，73%的受调查学生表示"短视频有毒"，认为对生活和学习有一定的不良影响。这些问题的出现要求我们充分考量短视频时代对学生思想的各种影响，并对现有的思政教育模式进行创新，让思政教育工作跟上时代的潮流变化。

2. 模式简单化，专业人才匮乏

第一，缺乏对短视频等相关网络资源的整合。思政工作千头万绪，涉及方方面面，短视频带来的素材和信息量大。目前的高校思政教育尚未运用大数据等技术手段对短视频等相关信息进行整合，制约了工作的深入开展。第二，对利用短视频开展思政工作缺乏全局性、系统化的思考，工作简单化、表面化、碎片化，同时没有形成良好的学习环境和氛围。第三，缺乏专业的人才支撑。一些高校短视频运营人员在运营过程中仅限于简单的消息推送，人员配备上多为兼职，对短视频平台的特点、规则、推广技术、使用技巧缺乏了解，至于融合多种网媒进行思政教育更是无从谈起，专业性亟待提高。

3. 观念陈旧，学生能动性发挥不够。

部分高校思政教育工作者在工作节奏上不能适应短视频发展步伐。举个简单的例子，一些教育者认为"短视频与其他网络媒体差别不大""利用短视频开展思政教育可有可无"，对现今网络媒体融合性的大趋势缺乏足够的认识。在大学生思想政治教育工作中，没有认识到学生主体性作用的发挥。教育多为教师的单向参与，对如何调动学生参与思政教育缺乏思考，工作上缺乏行之有效的安排，学生主动性发挥不够。

（三）创新高校思政教育体系的对策

高校思政教育对帮助学生树立世界观、价值观、人生观具有重要的引领作用，是高校教育的重要组成。在短视频大兴的背景之下，高校思政教育工作者应充分利用这一优势媒介，从资源整合、教育方式优化、融合型人才培养等方面入手全面创新思政教育工作。

1. 打造短视频资源库，实现资源共享

在短视频兴起的媒体融合背景下，网络上不同媒介形态传播呈现出交融和汇集的特点。这一特点为高校思政教育进行资源整合提供了便利条件，高校可以利用媒体融合技术搭建思政教育短视频教学资源库和学习资源库，通过资源开放共享，促进思政教育的传播和深化。一方面，短视频资源库的建立，将促进思政教育内容的丰富、完善，引起思政工作者和高校学生的重视，增强学生对思政教育内容的认同感。另一方面，短视频资源库将帮助教育和受教育方及时快捷地获取教育和学习信息，促进教育和学习效果地提升。在具体的资源库搭建上，高校要从内容、共享、架构3方面入手。内容方面，首先要搭建原创生产平台，汇集高校思政教育短视频原创资源；共享方面，要将短视频与其他网络平台、传统传播平台贯穿起来，将资源整合汇集起来；架构方面，可以针对高校具体情况，从原创教育者、原创学习者、原创班级（院系）乃至高校最高层面，形成从小到大的富有层次的架构体系。

2. 创新教育方式，发挥学生主体作用

短视频媒体自身的互动性，对构建主客双向交流的思政教育模式具有明显的帮助，高校思政教育要从思政教育短视频生态构建和圈群学习两个角度入手，发挥学生的主体作用，实现教育效果地提升。短视频生态构建方面，高校应通过鼓励措施，引导思政教育工作者和学生通过专门短视频平台、微信、微博、QQ等具有的短视频功能、直播功能进行教育和学习，营造短视频教育和学习的校园生态。例如，在高校每天举行的主题思政教育中，大力鼓励师生通过在各平台创作或转发短视频的方式进行互动交流，营造良好的短视频文化氛围。另外，还可以通过搭建校园短视频学习交流社区的方式，为师生学习交流思政学习心得体会创造网络生态环境，定期推送老师和学生制作的短视频作品，促进交流互动，培养学生学习兴趣，优秀作品可以给予相应的物质和精神奖励。短视频生态圈群构建方面，目前网络社会正处于"社交关系红利期"，网络用户通过微信群、QQ群、贴吧、淘宝直播群等平台形成圈群文化。高校思政教育应因势利导，根据思政学习学生所在院系、喜好的特点等，搭建思政教育学习短视频交流的相关圈群，通过设置学生群主、制定群规的方式，借助网络社会关系，激发学生学习兴趣，发挥学生的学习积极性，助推高校思想政治教育内容有效、快速传播。

3. 培养融合型思政教育人才队伍，提高教育教学水平

短视频是对视频、文字、图片和音频多种媒体的融合，高校思政教育工作者既要有理论素养又要具有精湛的教育能力，既要深刻把握传统思政教育又要对短视频语境下的网络教育有独到体会，因此，培养融合型的思政教育人才是摆在高等院校面前的一项重要工作。第一，加强高校思想政治教育队伍的理论建设，坚定政治立场，通过培训、学习、交流等方式提高理论素养，对党的政策方针活学活用。第二，短视频是一项融合多项技能技术的新型推广媒介，高校思政人员应不断学习相关技能、技巧、技术，提高网络技术和互联网思维能力，以便在工作中得心应手。第三，在短视频情景下，信息丰富化是其他平台不可比拟的，培养融合型人才还要增强教育者的信息筛选能力，面对海量的信息，要具有信息监控、识别能力，同时对校园网络舆情动态做到及时把握、研究。第四，注重对高校思政学生宣教团队的培养，通过选拔一批对思政学习兴趣浓厚、积极性高的学生作为高校思政教育的重要补充，并通过建立组织、经费扶持、政策引导、培训交流等多方式锻炼队伍，发挥学生团队的主动性，进而实现对思政教育的深入推进。

面对短时频带来的网络红利风口，高校如果积极转变思想，在夯实各项基础工作的基础上，充分发挥思政教育工作者和广大学生的教育主体作用，就一定能实现思政教育教学创新。

三、大数据背景下高校思政教育的创新

大数据时代的到来，对高校思政教育既是机遇，又是挑战。大数据为高校思政教育的改革创新提供了技术、环境、动力系统等方面的支持，但同时，高校思政教育也面临着伦理、技术和研究形式等诸多困境，思政教育的思维方式、工作载体、教学方法等都要随之改变。高校须树立思政数据信息教育理念，充分发挥网络阵地的功能，提升思政教育者的素养，增强思政教育者的伦理责任及道德原则，创新思政教育方法和研究形式，更好地为思政教育服务。

进入 21 世纪，随着互联网、云计算、物联网等信息技术的迅猛发展，大数据热潮不断升温，已经成为国家发展进步的战略性资源。党的十九大报告进一步强调"善于运用互联网技术和信息化手段开展工作，深入结合实际创造性

推动工作。"而作为各种思潮碰撞的集聚地，大数据无疑成了推进高校思政教育创新发展的科学力量，高校思政教育工作也必然受到大数据的影响，如教育教学方式、师生的行为习惯、思想意识等。一方面，大数据给传统思政教育带来了诸如伦理、技术和研究方式等前所未有的挑战；另一方面，大数据为高校思政教育也带来了新的发展机遇。古人云："穷则变，变则通、通则久。"为了尽快融入大数据这个新环境，高校思政教育必须改进教育工作方式方法，积极利用大数据推动自身的改革创新，创新工作理念和工作方法，不断提升高校思政教育的实效性。

（一）大数据背景下高校思政教育创新的机遇和挑战

大数据是指大量网络行为数据，也称为海量数据，是互联网、物联网等在使用过程中产生、积聚的，以多元形式、由许多来源搜集而来的庞大数据组。在《未来的较量：IT 巨头们的 Big Data 布局》一文中，作者豆瑞星指出："如今两天产生的数据等于文明诞生至 2003 年的数据总量。"大数据信息数据容量大，其无法用计量单位 G 和 T 来衡量，已经完全超越了传统意义上的容量，通过对海量数据进行分类、加工和处理，能为人类创造新的价值，提供可预见性的、前瞻性的科学信息。因此，在大数据背景下，利用先进的数据分析技术，通过对多样、海量的数据进行整合分析，才能使数据更好地为人类服务，获得巨大的社会价值。大数据拥有四个显著的优势：第一，种类多。包括日志图片、视频音频、个体的社交情况、基本信息以及地理位置等。第二，容量大。大数据拥有丰富全面的数据资源，根据相关统计结果显示，目前，全球数据总量快速增长，已经超出单个计算机的存储和处理能力。2016 年全球数据总量达到了16.1ZB，预计到 2025 年，呈现出 10 倍的增长，将达到 163ZB。第三，价值高。大数据背景下，数据与数据之间都具有可重复利用性、关联性。因此，参差不齐的巨量拘束会降低单个数据的价值密度，需要经过科学处理和分析，才能使数据价值总量增大，使其价值扩大、增值。第四，时效快。大数据背景下，为了确保数据的时效性，使用者需以超快的速度进行收集、处理，数据产生及更新的速度非常快。这四个特点使大数据能够服务于人的终极意义和社会实践价值。目前，大数据已经成了重要的生产要素，并"渗透到当今每一个行业和业务职能领域中"。高校思政教育也不例外，深受大数据的影响，亟须改革创新。

对于高校思政教育创新来说，大数据已经不再是一个无关紧要的因素，其在环境、动力系统、评价等方面，为高校思政教育创新提供了支持、换新和科学反馈，已不仅仅是技术层面上的便利。

1. 大数据给高校思政教育带来的机遇

进入 21 世纪，在高校校园中，运用网络成了高校学生生活的常态，随着高校校园网络办公系统的不断升级，高校学生成了网络使用的主力军，每天都在产生诸如音频、图片等海量数据，他们喜欢在微博、微信等平台上发表自己的见解，喜欢在这些平台上和他人交流沟通。就思政教育来说，大数据背景下，高校思政教育面对的是关于所有大学生的全体数据，这不同于传统媒体时代的数字思维。这些数据具有开放性、共享性和极强的选择性，形式多种多样，是学生在不知情的状态下最真实最自然的反映，不再是调查访谈过程中有意识得到的。这些数据可以最大限度地丰富高校思政教育的内容和形式，借助网络平台，高校思政教育完全可以发展新的载体形式，并远远超出了传统思政载体的范畴。作为 97 后的高校学生群体，从出生就在不断接触互联网和自媒体，接受能力强、知识更新快。在网络中，他们能够留下方方面面的"数字足迹"，谙熟各种类型的上网神器的操作和使用，如笔记本电脑、智能手机等。另外，21 世纪的高校学生个性鲜明、思想活跃，大数据背景下，高校思政教育只有兼容并蓄，确立模糊性思维，用模糊识别的方法，才能达到对学生各种思想动态的充分了解，实现高校学生思想精确性和模糊性的有机统一，才能最终从模糊走向精确，从而更好地开展思政教育工作。大数据呈现在我们面前的海量数据是混杂的，大量数据混合在一起，我们必须从追求精确转变为接受混杂。同时大数据背景下，人们的思维从因果思维转变到了相关思维上，越来越关注数据之间的横向相关关系，因果思维不能挖掘深层次的内在关系，往往执着于寻找现象背后的因果关系。而相关思维关注的是数据间的关联性，能够指导教育者运用大数据将学生的生活习惯、家庭构成等全部纳入分析范围，并找到其中隐藏的关联性，侧重于对事物相互间关系及其本质的探究，能够全面掌握学生的思想动态和学习生活规律，进行有针对性的思政教育。

2. 大数据使高校思政教育面临的挑战

首先，数据复杂化，整合难度大。新世纪，随着互联网不断地深入发展，来自多元渠道的数据以非结构化、半结构化和结构化的形态，借助视频、图片、结构图、流程图等形式展现出来，如主流网站、社会媒体、校园网、论坛等，思政工作者面临着采集、筛选、整合、处理繁杂数据的技术难题。同时大数据系统存在误判的风险，大数据系统具有只注重结构而忽视解释的倾向性，对数据的依赖性较强，主要利用数据处理技术来分析数据。为了避免误判，如何挖掘因果逻辑、全面认识事物发展的变化等问题成了思政工作者的难题。同时，在收集和分析数据过程中，不乏一些错误数据、垃圾数据或虚假数据，由于输入的错误或者利益的驱使，数据分析结果可能受到很大影响，会出现数据弄虚作假的现象。因此，为了确保数据的价值和质量，如何对收集的数据进行研判、分析、挖掘和提炼成了当前思政教育亟须解决的问题。

其次，数据工作人才匮乏，创新融合难。信息技术的融合要求思政教育工作者树立大数据思维和开拓创新的意识，才能够分析、挖掘、提取、存储高质量数据，这是一个不断推进的过程，需要高校思政工作者具备专业的数据分析能力。但目前在高校思政领域中，大数据人才非常紧缺。具有思政理论基础的思政教育者没有时间和精力去学习和掌握大数据技术，而具有大数据分析能力的专业人才，又缺乏思政教育理论基础。因此，高校需要加大大数据师资的建设力度，才能创新融合数据资源。

再者，数据存在安全隐患。高校数据涉及学生方方面面，如个人基本信息、受教育环境、家庭背景、行为习惯等。大数据本身具有"5V"、动态性和共享性的特点，如果泄露会给当事者造成严重的侵权和伤害，存在个人隐私被窃取的风险。并且当高校学生在朋友圈、QQ空间、论坛等社交平台互动时，他们产生的数据会被共享。大数据背景下，思政教育者采集学生个人信息、地理位置等信息的行为，是在学生不知情的情况下发生的，从另一方面来说，这也属于一种侵权行为。

（二）大数据背景下高校思政教育的路径创新

1. 树立思政数据信息教育理念，充分发挥网络阵地的功能

大数据背景下，高校思政教育创新应充分发挥网络阵地的功能，变革思维方式，树立思政数据信息教育理念。

首先，高校思政教育应树立数据信息教育理念，转变思政教育思维方式，要认识到数据是信息的源泉，数据中蕴藏着巨大的信息，是新发明和新服务的源泉。如校园"一卡通"中记录的数据能够分析出这个学生一日三餐具有规律性的信息。同时，数据就像一个神奇的"钻石矿"，思政教育者应认识到数据中蕴含的巨大价值，积极地开发大数据，并在对大数据进行精准分析的基础之上，充分挖掘数据中所蕴含的价值，促进思政教育的科学性和准确性，提升高校思政教育的科学化和准确性。

其次，高校思政教育应贯彻数据共享理念，充分开发大数据所蕴藏的价值。《高校思政工作质量提升工程实施纲要》指出，"要建设高校思政工作网，加强工作统筹，增强高校思政工作信息管理系统共建与资源互享，打造信息发布、

工作交流和数据分析平台"。一方面，高校内各部门要实现数据共享，形成学生大数据，才能更好地分析学生的言行。如教务处应掌握学生成绩、选课数据，后勤部门应掌握学生就餐和出入宿舍等数据，图书馆应掌握学生借书、下载资料等数据。另一方面，各方面主体应实现数据共享，如高校与政府部门、社会团体和企业等，并且为了促进高校与社会其他部门之间实现数据共享，可以由政府牵头成立数据信息共享协调机构，为数据信息共享制定制度规范。另外，高校应践行数据跟踪理念，通过网络、监控、云计算等技术的全过程性和即时性特征，对大数据进行实时跟踪，提升高校思政教育的时效性。传统的思政教育在实施过程中，往往是线性的、递进式的，是按照因果逻辑推进的，信息传递效果也是单向的、封闭的。而在大数据背景下，信息传递效果是开放性的、交互性的，思维方式往往是非线性的、关联性的，两者虽有差异但并不矛盾。创新思维方式注重教学对象的参与度和交互效果，因此，在创新思维的基础上，高校思政教育应充分发挥网络阵地的功能，积极参与学生比较关注的常用社交渠道，借助网络信息传递速度快、受众广、高交叉度等特点，以爱国主义情怀为基调，促进学校各方面工作更好地开展，宣传社会主义正能量和先进典型，深入推进社会主义核心价值观的培育和践行工作，注重网络语言的使用，借助微信、微博、QQ群等媒介，使思政教育信息更好传播，从而潜移默化地影响学生的思想、行为等。

2. 提升思政教育工作者的素养，增强思政教育工作者伦理道德责任

大数据背景下，高校思政教育者必须不断提升自身的数据素养和运用数据的能力，增强自身的伦理责任及道德原则。数据素养是指使用数据的人应遵循的道德规范与行为规范，主要包括利用数据信息等方面的能力，以及数据信息生产、管理、发布等能力。首先，在高校学生每天的生活和学习中，为了充分了解学生的思想动态和行为取向，思政教育者要对学生产生的数据进行采集和提取，善于发现和捕捉数据，不断提升自身对数据的敏感性，才能透过大数据及时准确地掌握学生的心理状态、兴趣爱好等信息，从而对学生进行有效的引导和教育，及时发现问题、解决问题。同时，大学生所产生的数据信息都需要思政教育者去挖掘、整理成有用的数据信息。其次，思政教育者应不断提升自身的数据分析能力。大数据具有容量大、种类多、速度快、价值大的特征。思政教育者需要具备较高的数据分析能力才能在海量、种类繁多的数据中提取出有价值的信息。一方面，思政教育者要重视分析数据及学生思想行为之间的关联性等，对学生多方面数据信息进行分析，才能得出正确的结论。如根据校

园一卡通上的数据显示，学生最近去图书馆的次数越来越少了，或不怎么去图书馆学习，但再分析学生在校医院的数据信息和选课信息，发现学生生病了才没去图书馆；另一方面，思政教育工作者要学会运用大数据来对学生的情况进行分析，但不能唯数据而定。如对家庭经济困难学生的认定工作，要通过大数据分析，才能确定哪些学生是家庭经济困难学生，要把数据分析与其他工作结合在一起。另外，数据呈现力要求思政教育者不能就数据论数据，要通过文字、图表、视频等方式，将可利用的数据用简单易懂的方式呈现出来，使数据可视化。因此，高校思政教育应避免过度涉入高校学生的个体信息，增强对所搜集、整理的数据的呈现能力。在应用大数据时，思政教育者必须坚持客观公正的道德理念，树立伦理责任，认真思考大数据的价值意义与可能的社会后果。面对海量数据，思政教育者应从宏观层面上，多关注学生大数据背后隐藏的信息，在不过多涉及个体隐私的情况下，通过先进的数据分析技术，完成对学生思想状况、行为模式的分析，如思想意识特征、行为活动规范等。只有这样，才能最大限度地实现大数据对思政教育的正面作用。

3. 创新思政教育方法和研究方式，更好地为思政教育服务

大数据促进了高校思政教育研究方法的变革，为高校思政教育提供了新的研究技术和研究视角。首先，定性分析转向了定量分析。传统的高校思政教育主要通过定性分析来描述学生的思想行为，运用的量化研究是在有限的抽样数据基础上，工作量大且效果难以保证，先提出假设再通过小数据调查研究。而大数据时代中，通过数据，能够提升量化研究的准确性和有效性，可以将学生的思想、情感、语言、行为等信息进行量化。因此，为了实现从侧重定性分析向侧重定量分析转变，高校思政教育应创新研究方式，将定量研究和定性研究结合在一起，才能不断提升大数据的运用。

同时，大数据背景下，高校思政教育应逐步从局部性分析向整体性分析转变。一方面，大数据能够将定性分析和定量分析结合在一起，由对部分的分析来推判整体的状况，确保分析结构的准确性；另一方面，大数据能够实现从局部分析向整体分析转变。以往的数据主要采取的是局部分析，而大数据是对学生思想和行为的全方位、全过程的记录。

其次，高校思政教育应从模式教育转向个性教育，从漫无目的的漫灌转向有针对性的滴灌，实现精准教育。一方面，大数据背景下，高校思政教育应提升教育内容的针对性，根据大数据所反映出的学生缺什么来确定思政教育内容；另一方面，大数据背景下，高校思政教育借助大数据信息推送技术，用大数据分析出的学生的思想、行为状况，采用学生喜欢的教育方式，以图片、视频、

网站链接等形式，通过监督预测法、信息推送法等具体方式，推送给学生。

另外，大数据背景下，高校思政教育应从纠偏教育转向预测教育，利用信息技术，根据大数据分析结果，对学生的思想、行为状况进行实时跟踪，预测学生的思想、行为变化趋势。如高校思政理论课教学中，教师可以在微博、微信等平台上，搜集学生点击率高的热点新闻、社会问题等信息，对学生的思想行为变化进行分析，并将其作为教学内容，借助大数据，有针对性地提前备课，及时调整教学内容，改变教学方法。为了更加细化和准确地把握学生的情感，思政教育作为倡导情感育人的活动，需要大量数据的支撑。因此，大数据背景下，为了将教育过程更好地展现出来，高校可以通过大量的数据突破有限数据的束缚，让大数据为思政教育活动服务，不断提高高校数据挖掘、加工和分析处理能力，分析学生生活、学习、心理活动轨迹，从而更好地开展思政教育工作，把握其长期的动态性规律，实现对学生未来发展的精准预测。

第三节　"互联网+"时代高校思政教育的创新研究

21世纪是网络社会，当代大学生是伴随网络成长起来的一代，对新事物的接纳越来越快，他们正处于世界观、人生观、价值观的形成阶段，一部分学生对外部事物的关注以及认识具有极强的片面性，容易受网络诱惑而陷入陷阱，这给高校思政教育带来了困难，所以，当代高校思政教育必须顺应时代潮流、与时俱进、抓住时机、不断创新理念，善于用互联网的思维去促进教育改革，建设适应互联网时代的高校思想政治教育。本节围绕"互联网+"时代，对当代高校思政教育展开讨论，为高校在网络时代开展思政教育提供一点参考与建议。

一、"互联网+"时代高校思政教育的实质内涵

2015年，李克强总理在全国两会上提出了"互联网+"，随后，习近平总书记在全国高校思政教育会议上又多次强调要把网络教育与思想政治教育相结合，可见，将"互联网+"思维纳入高校思政教育是大势所趋。"互联网+"时代的到来给当代高校提供了机遇的同时，也使其面临一定的困难。因此，高校必须制定科学合理的方案，善于用互联网思维促进教育改革，将"互联网+"思维融入教学，保证思政教育的质量。

近些年来，对于网络思政教育，学界有不同的界定，但是大体上可以分为两种：第一，广义上的内涵，即是人为背景下进行的网络思政教育，这种情形

下，目的就是如何打破传统的思政教育，利用网络进行思政教育的创新。第二，狭义层面的内涵，即在传统思政教育中，将网络当成一种辅助工具，高校在网络教育中，利用计算机网络有目的、有计划地影响学生思想，从而达到高校思政教育目的。

二、"互联网+"时代高校思政教育面临的问题

（一）互联网的快速发展使得当代大学生对网络产生依赖

互联网具有交互性与先进性的特征，当代大学生更喜欢利用网络平台学习各种感兴趣的东西，互联网已经成为学生当前获取各种知识的主渠道之一，他们喜欢去网上关注时政或者参与讨论热点问题。就当下的调查来看，大学生对于网络的依赖程度越来越高，甚至部分学生出现了沉溺网络的现象。这就要求高校的思政课要正确引导学生利用互联网平台，对思政课的教育内容与方式进行创新，将互联网与高校思政教育相结合，科学合理地将互联网融入思政教育，提升学生学习思政课的乐趣，使思政课能深受学生喜爱，从而达到引导学生思想健康发展的目的。

（二）高校思政教育师资水平不高

思想政治老师对于大学生的思想成长有着极其重要的引领作用，如果没有高水平的思政老师，学生的思想发展就会受到影响。当前思政师资水平不高的原因主要表现在：第一，随着互联网的迅速发展，思政老师没能跟上时代的步伐，对思政网络教育的重要性缺乏认识，还停留在传统的面对面教育时代，使得网络的作用得不到充分发挥；第二，思政老师数量的缺乏，有些学校由于思政教师数量有限，没有设置网络思政教师岗位，网络思政教育经验丰富的老师明显不足，学校也没有高度重视网络思政，继续利用传统的思政教育模式。

（三）网络思政教育创新形式欠缺

虽然目前大部分高校开始重视网络思政教育，但是并没有改变传统的思政教育模式，只是把传统面对面教育的填鸭式教育方式转变成了网络式的填鸭式教育，缺乏创新。老师没有深入了解当前互联网模式下学生的认知水平和学习兴趣，只是利用网络向学生灌输理论知识，长期下去会使学生对思政课的学习失去兴趣，使网络思政教育不能达到应有的教学目的。

三、"互联网 +"时代高校思政教育的创新途径

（一）加快构建思政网络教育平台

当前，高校的思政教育存在诸多问题，譬如思政教育缺乏交互性、及时性、创新性。教育覆盖面也比较小，构建网络教育平台能解决上述问题。同时，高校必须进一步加大对网络思政教育的投资力度，积极联合国内外高校共同打造思政教育网络平台，及时向学生推送国内外时政热点、优秀的思政教育资源信息等。学生可以在平台上发表自己的观点，可以进行自由讨论，还可以对自己不懂的问题在平台上留言，高校安排思政课教师进行答疑，从而从学生在平台上的参与度、反馈的信息中了解学生的需求。线上线下有机结合对学生进行教育与引导，并及时按照学生的需求在网络平台上不断完善，使学生喜爱网络思政教育平台，从而达到思政网络教育目的。与此同时，高校也要对平台上学生能接触到的信息进行把关，防止不良信息影响学生。

（二）完成思政教育工作者的时代跨越

互联网的发展加速了社会科技的不断发展，高校思政教育也要与时俱进，思政教育工作者对思政网络教育的工作理念也要不断转变。

第一，加强思政教育工作者的思想意识，思政教育工作者的思想意识的滞后性是网络思政教育最大的障碍，思政教育工作者需要顺应互联网的发展，不断学习，转变滞后思想意识。思政网络教育只是将思政知识向网络教育平台推送，这是对思政网络教育的误解。因此，思政教育工作者必须打破传统的教育理念，树立互联网思政教育创新理念，使得思政教育能在传统教育模式的基础上利用互联网平台进行创新与改革。

第二，高校领导要重视思政教育工作者的培训。特别是一些老教师，他们利用互联网的能力欠缺，对利用互联网进行思政教育还存在质疑，这就要求教育管理者和领导者要时常对思政教育工作者进行必要的培训。比如：高校可以聘请专业的互联网技术人员进入校园对思政教育老师展开培训，通过学习与交流，让思政教育老师逐渐形成互联网思维，进行课程创新。

第三，高校要注重思政教育队伍的建设，要大力招聘懂互联网技术的思政教育教师，实现高校思政网络教育的普及。

（三）创新思政网络教学方式

在互联网时代背景下，高校要认识到互联网对学生学习的重要性，利用互

联网对传统思政教育进行创新是大势所趋，也是时代需要。那么，如何才能在思政网络教育中进行创新，打破传统的思政教育模式？第一，要善于用网络技术创新思政教学课堂形式。思政课老师在上课前，要利用网络对所讲授的知识进行规划和设计，可以准备一些课外知识向学生展示，开阔学生的视野。除此之外，还可以利用网络进行情景模拟教学，让学生在情景模拟中感受和体验思政教育，提升学生与老师的交互性以及学生参与思政课的积极性。第二，思政课老师要善于利用网络开展课外知识教育，比如建立微信公众号、QQ群、网络社区等不同网络平台，向学生发布思想政治教育信息，让学生在生活中可以随时随地接受思想政治教育，并在潜移默化中提高思想道德水平。第三，思政老师要善于利用网络教育平台去不断观察学生的思想发展趋势，并建立数据库，对其进行分析和判断，对思想偏离正轨的学生进行及时有效的引导，促使学生的思想健康发展。

综上所述，"互联网+"时代给高校的思政教育带来了挑战，也带来了机遇，高校要正确看待互联网时代下的思政教育发展趋势，顺应时代潮流，加快构建思政网络教育平台，完成思政教育工作者的时代跨越以及创新思政网络教学模式。唯有如此，高校思想政治教育才能培养出符合社会需要的人才，开创高校"互联网+"时代下思政教育新局面。

四、"遭遇"价值下高校思政教育的创新途径

"遭遇"作为非连续性教育思想的一个重要范畴，对个体的成长和发展具有独特的教育价值。传统高校思想政治教育重说教，形式单一，忽略非连续性事件对学生产生的震撼作用。从"遭遇"的教育价值出发，利用师生交流、名著阅读、教育口号、校园氛围等教育事件，为新时代高校思想政治教育提供新的途径。

（一）"遭遇"的内涵及教育价值

1. "遭遇"思想的形成

"遭遇"是德国教育人类学家博尔诺夫非连续性教育思想的一个重要范畴。博尔诺夫继承了存在主义哲学和文化教育学关于人非连续性发展的思想，并在非连续性发展观的基础上创建了他的非连续性教育思想。在系统论述非连续性教育的基础上，博尔诺夫着手研究非连续性教育的范畴和形式，"遭遇"作为其中的重要一维受到博尔诺夫的重视，他在专著《教育人类学》一书中详细阐

述了他的"遭遇"思想，包括"遭遇"的内涵，"遭遇"的教育意义等。

2."遭遇"的含义及教育价值

博尔诺夫认为，"只有少数重大的特定的经验可以称作遭遇，它们闯入人的生活，突然地、往往令人痛苦地中断人们的活动，使之转向一个新的方向。这主要涉及与他人的遭遇，他们命中注定要进入人们的生活（在教育领域与教育者的遭遇）"。纵观已有研究，学界对"遭遇"教育价值也做了较多的探索，指出了"遭遇"对学生生命发展的意义和作用。但已有研究主要从宏观上探索其在教育中的应用，且多集中于中小学生教育，鲜有文献研究"遭遇"机制与大学生思想政治教育的关系，本文仅对两者的内在联系做初步探讨，以期对高校思政教育的创新有所启发。

（二）"遭遇"机制为思政教育提供新途径的可行性

1.理论依据

博尔诺夫对"遭遇"的地位做了以下阐释："如果要对精神世界产生真正的内在的理解，真正的遭遇是必不可少的。所以教学必须拓宽文化知识，阐明理解范围，在这些基础上才会产生充分的遭遇。但另一方面，如果不能产生真正的触及人心灵深处的、改变其全部生活的遭遇，那么所有的文化知识就不起作用，所以也就无关紧要了。"从博尔诺夫的阐述中，可以看出"遭遇"与常规教学并不是对立的，因为非连续性事件的教育意义本身也要以连续性教育为基础。强调"遭遇"在高校思想政治教育中的创新性不是要完全摒弃以往的教育形式，而是在思政课程的基础上建立起"遭遇"机制，让"遭遇"的发生成为可能。以往的思想政治教育将思想成熟和政治立场的建立看成是连续的、理性生成的过程，强调外部环境静态、线性和确定性，忽视大学生成长和生命发展过程中的非理性、动态的、不确定性因素的影响。实际上，这些外部因素以突然的、令人震惊的形式出现往往会改变大学生对思想政治的立场和态度，引发大学生的自我反思以及对人生的重新审视与抉择。因此，"遭遇"的机制无疑丰富了对高校思政教育的认识，为其提供一种新的途径与思路。

2.现实依据

2013年12月中共中央办公厅印发《关于培育和践行社会主义核心价值观的意见》强调把培育和践行社会主义核心价值观融入国民教育全过程，要求创新高校思想政治理论课教育。在2018年全国教育工作会议上，习近平总书记再次强调指出，"要把立德树人作为教育工作的主线，融入思想道德教育、文化知识教育、社会实践教育各环节，贯穿基础教育、职业教育、高等教育各领域"。但目前高校思政教育仍局限于思政课程、辅导员谈话、专题讲座等"说教"形式。以"遭遇"为切入点，我们可以发现师生交流、名著选读、教育口号、课程教学等都是大学生思政教育的重要遭遇事件。在实际的教育过程中，可以充分挖掘辅导员、授课教师、课程教学、名著阅读等教育要素，努力达到"全员育人、全程育人、全方位育人"的新时代高校思想政治教育目标。

（三）"遭遇"机制下创新高校思政教育的途径

根据博尔诺夫的阐述，"遭遇"的来源可能是某个人、某部作品、某句话，也可能是其他教育事件，结合当今高校思政教育的具体情况，笔者认为可以从改变师生交流方式、鼓励学生阅读经典名著、巧用教育口号、营造良好的思政教育氛围4个方面来构建"遭遇"机制下的高校思政教育。

1."一个人"：教师"唤醒式"交流

博尔诺夫认为，在人的心灵深处存在着一种所谓"本源性"的道德意识，这种道德意识通常处于沉睡状态。"教育的责任之一就是唤醒受教育者处在沉睡状态的道德意识，使他们回到本源上去，使一个人可能真正认识自己和自己所处的世界，同时也理解自己的当下处境、历史及未来，使一个人对生命充满渴望。教师如果以恰当的方法和时机给学生以心灵的震撼，就会空前增加他的自我意识。教育就在于不断地通过对人的'唤醒'，使人不断开拓新的生活。"因此，无论是在思政课、通识课、专业课上，还是在日常生活的交流中，授课教师和辅导员只有带着"唤醒"导向的意识去与学生交流，师生之间才会有真正的精神交流与心灵对话。非连续性教育的"唤醒"、号召等形式，体现了教师对学生的关爱，这种平等式的"唤醒"将打破传统思政教育中耳提面命式的"说教"形式，取而代之的是尊重与引导。思政教育中的"唤醒式"交流主要有两方面的内容：第一，唤起学生内心潜在的自省意识，使其"直观"自己的不足与错误，从而树立正确的世界观、人生观、价值观。第二，唤醒学生的危机意识，让他们正视社会中的动荡与危机，从而直面自己作为新时代青年，对国家的责任与担当。实现"唤醒式"交流需要教师以平等的、交心式的态度去与学生交流，帮助学生了解自己的内心世界，而不是一味地否定学生自身的想法，强制"洗脑"，如果教师能真正以唤醒的心态去面对学生，思政教育将会呈现出一种全新的面貌。

2."一本书"：发挥经典著作的震撼力

从"遭遇"思想看，一部经典著作对人的震撼作用往往可以改变一个人的人生轨迹，例如，《钢铁是怎样炼成的》一书洗礼了一代又一代人的心灵。如今的高校思政教育忽略了名著的影响力，实际上，无论是马列主义作品集还是我国革命伟人著作，抑或文学巨作，都对大学生的思想政治教育有不可替代的震撼作用。经典著作难以发挥其"遭遇"作用是因为当代大学生阅读量少，阅读质量亦不高，即使各专业都设置了名著选读课程，但大多是为了应付阅读任务，走马观花，最终流于形式。要激发名著阅读对人的震慑能力，必须提升大学生阅读经典的"质"，具体来说可以从以下三个方面入手。第一，要鼓励学生读原文，在碎片化阅读盛行的时代，少有学生能完整品读经典，自然也难有深刻感悟。只有原原本本研读经典，才能品味语言的魅力、逻辑的力量，从而挖掘到原著蕴含的思想和价值导向；第二，教师须点燃学生的阅读激情，学生的阅读兴趣往往需要教师带动，教师可以创新名著选读授课模式，营造良好的阅读氛围，一旦学生在某部著作中感到"冲击"，便会主动探索更多经典；第三，基于实践感悟经典，经典名著之所以能让人感到震撼，是因为人们在其中找到了"自我"的某些影子。在阅读经典时，若能结合具体的实践，联系自我的困惑，反观自己的人生，必定会在某些片段感同身受，反思原有的思想观念。

3."一句话"："催化"思想的转向

在我国的教育活动中，教育口号常常发挥着重要的思想政治教育功能，"再穷不能穷教育，再苦不能苦孩子""一切为了学生，为了学生的一切，为了一切学生"等都是大众所熟知的话语。根据博尔诺夫的非连续性教育思想，非连续性事件都伴有极大的强度。教育口号都带有强烈的情绪色彩且具有鲜明的导向性和强大的宣传号召功能，同样是促进大学生发生"遭遇"碰撞的非连续性教育事件。教育口号虽简短却精炼，短短"一句话"就有可能对大学生思想转向产生催化作用，创新高校思政教育不应忽视教育口号的引导干预功能。

尽管教育口号可以有多种表现方式，但任何一种话语方式都是一定思想的表征，都是一定教育价值观的载体。在各种新潮教育思想的影响下，一些极端的教育口号层出不穷，如"只要学不死，就往死里学""为国学习，努力自爱"……种种话语使大学生静默无声地服从"教育口号"的训导，但难以从心理层面达成真正的理解与共识，且很可能出现逆反、抵制等现象，这与"遭遇"思想的"号召、唤醒、警示"作用背道而驰。想要教育口号发挥思政教育的作用，首先，要端正教育口号背后的指导思想，坚持以科学的思想来指导教育口号的制定；其次，还要注意教育口号表达的方式，从规训的单一方式走向多元对话的方式，焕发教育口号的诗意魅力；此外，教育口号的制定还需结合大学生的现实生活，

即"标语口号提出的要求应适当超越受教育者目前的思想品德基础,有提升其思想品德水平的可能,同时这一超越又不能高到教育者经过努力也难以达到的高度。"总之,既要符合思想政治教育的规律,又要凸显对大学生的人文关怀。

4."一种氛围":营造"处处思政"的新环境

根据博尔诺夫的理论,"遭遇"作为教育过程中必然的东西,无法回避,只能正视。但"一种认真对待自己使命的教育必须能引导成长着的一代人与精神世界的人物进行这种决定的'遭遇',所有的教学都要以此为方向"。可见,我们虽然不能预料某个特定的"遭遇",但我们可以在尽可能大的范围内创设一种"遭遇"的良好氛围,以期使"遭遇"发生后朝一个好的方向发展。由此,学校的思政教育工作不在于道德说教,不在于向学生灌输一系列的律令和法则,而在于营造一个"处处思政"的环境,日常生活、日常行为思政化,使学生处处都能感受到"正能量"。具体地讲,校园里的物质氛围、精神氛围、制度氛围、行为氛围,都是高校思政教育的隐形资源。目前,已有许多高校在尝试创设新的思政教育氛围,例如江西的某些高校建立了"党委书记面对面""校长约吧"学校领导"双体验日"等制度,成立了江西高校网络思想政治中心,并搭建了赣教云服务平台和课堂资源的共享服务中心。正如江西省委教育工作委员会书记叶仁荪所说,通过这些新形式能让思政工作入脑入心。

五、多元文化背景下的高校思政教育创新

随着经济全球化,各种文化相互交织,多元文化背景形成,直接影响高校思想政治教育。本文分析高校思想政治教育现状,以及高校思想政治教育创新工作,以期有助于高校思想政治教育的创新改革和健康发展。

随着社会和科技的发展,多元文化共存,如传统文化、大众文化、企业文化、现代文化、通俗文化等,给大学生的世界观、人生观、价值观带来一定的影响,高校思想政治教育应该创新改革途径,适应多元化发展,加强思想政治教育工作。

(一)多元文化背景下一些高校思政教育现状分析

1.理论课教学单一,教学效果欠佳

目前部分思想政治教育课由于受到以往观念的影响,教学模式单一,轻视教育过程,教学模式依然是教育家凯洛夫的"五步法",教学方法即旧有的满堂灌,学生被动接受教师的课堂讲述。相关问卷调查显示,部分学生对思想政

治教育课的评价一般。根据有关调查显示，多数大学生认为应该首先改革教学内容，第二改变单一模式，第三改变授课方式，第四改变教学实践手段，只有这样才能提升大学生思想政治教育课的效果。在多元文化背景下，各种思想价值观和意识涌现，很大程度上给大学生思想政治教育工作带来困难。

2. 忽视现代思政教育平等性理念

思想政治教育课应该是一种双向的教学活动和过程，师生在课堂上应该是平等的，教师和学生都应该是课堂的主体和参与者。但是在实际教学过程中，教师处在主体位置，学生更像是听众，成为知识的被灌输者，因此学生的主观能动性和潜力得不到充分发挥，影响师生之间的良好关系。所以，思想政治教育课的平等性能否实现，教师和学生之间的关系能否健康发展，是需要教师和学生共同努力的。从现代教育理念角度出发，教育应该平等，相互理解，提倡师生间的沟通，以此促进大学生思想政治教育的平等。

3. 重视群体性教育而轻视个体性教育

大学生思想政治教育课作为我国教育的重要一部分，其教学目标是把大学生培养成德智体全方面发展的青年，有知识，有文化，有抱负，有道德，遵纪守法，所以在思想政治教育中要因材施教，遵循以人为本的理念，重视群体教育和个体性教育的有机结合，考虑学生的群体性，重视个体性教育。但是在以往的思想政治教育过程中，一些高校只进行群体性教育，把学生放在同一间教室，即使在多元化背景下，也是对大学生进行相同的教学内容，没有考虑学生的实际情况，做不到因材施教。只有通过对个性的培养，大学生在走向社会的过程中才能更清楚地认识自我的价值，个体性和社会发展才能更一致，才能促进社会共同发展。

4. 以往思政教育与市场经济脱节

我国市场经济日益多元化，新的利益格局不断形成，因此大学生的主观意识受到影响，变得日益复杂，一些高校单一的思想政治教育模式开始与市场经济脱节，主要表现在：（1）教育对象的复杂性，与教育目标之间的矛盾加大，在计划经济时期，大学生的思想政治教育工作是按照社会主义建设要求培养学生的，但是在市场经济环境下，还继续沿用以往教学模式必定会影响思想政治教育课的效果；（2）大学生的主体意识与传统教育矛盾凸显，随着大学生主体意识的增强，以往的教学方式和教学内容已经不能适应大学生的发展要求；（3）教学内容与现实结合不紧密，受其影响，学生学习更多的是理论知识，而不是实践。

5.以往思政教育与多元文化脱节

一些高校的思想政治教育与多元文化脱节，思想政治教育观念出现分歧，影响主流文化的价值观体现，对大学生造成一定的影响。与各种文化相互摩擦和碰撞，导致一些大学生思想意识更加复杂。另外，在多元化环境中，信息更新和传递速度快，大学生的思想观念不断更新，而以往的思想政治教育获取信息的速度较慢。这对于建设大学生获取信息的健康渠道是一个挑战。

（二）多元文化背景下的思政教育创新

1.创新思政教育观念

在多元文化环境下，以往的思想政治教育观念不能满足大学生的发展需要，因此思政教育需要改变观念，创新思想政治教育观念。受多元文化影响，大学生更加重视自我精神培养，所以高校思想政治教育需要以人为本，注重学生的个体发展需要，改变单一模式，向沟通型和引导型转变。

2.创新思政教育内容

在思想政治教育体系中，加入多元文化的培养方式，结合多元化环境，对目前思想政治教育教学内容进行适当的改革，加入新的文化体系、哲学理论、现代文化、政治文化等与全球化接轨的价值教育，培养大学生正确的人生观、价值观和世界观。高校可以多举办一些相关讲座和培训，加强思想政治教育。

3.创新思政教育方法

高校应改变以往教育方法，进行教育方法创新，做到因材施教，提倡人文理念，以满足大学生的个体性发展，对大学生实施适合的教育方法，抓住大学生求知欲强的特点开展培训和讲座。另外，高校也可以组织辩论会，让大学生在相互交流中相互学习，了解社会发展状态、经济形态、社会及国际问题，在沟通中学到更多的知识，从而大大提高大学生的积极参与性。还要根据大学生在多元文化背景下的性格特点，进行引导性教育和大学生自我价值的重建。

4.创新思政教育形式

随着科技的发展，出现了许多新的教育手段，高校思想政治教育形式有了技术支撑。在信息化时代下，以往的教学形式不断弱化，推进了教育形式的创新发展。高校可以建立一些热点话题的主题论坛，不受时间和空间的限制。在新的环境中，高校思想政治教育可以在一些学科中穿插思想政治教育内容，进行有针对性的教育形式创新，以此提高大学生的综合素质水平。

5. 创新校园文化和思政教育队伍建设。

思想政治教育工作要从自身出发，贴近时代发展的特征，不仅要开展理论知识教育，还要提高教师的网络技术和沟通能力，以及道德修养等。校园文化是由教师和学生在长期实践过程中发展形成的，具有时代特点，是高校教师和学生应该遵守的一系列行为准则和价值标准，校园文化具有引导性，在一定程度上规范大学生的行为准则。在多元文化背景中，校园文化要积极引导学生，促进大学生综合素质的提升。

多元文化的发展是这个时代的进步，对于高校思想政治教育工作而言也是一种挑战。思想政治教育面临着更复杂的情况和任务，因此我们应该将挑战化为契机，在新的形势背景下，满足大学生的发展需要，改革创新教育途径方法，完善教育体制，井然有序地开展思想政治教育工作，和多元文化相结合。

第四节　"共享文化"理念下高校思政教育的创新路径

在"互联网＋"时代，共享文化成为一种常态，共享文化具有内容的信息化、表现模式的多元化、传播交流的虚拟化和消费方式碎片化的特点。面对这一新态势，高校思想政治教育工作需要掌握共享文化的特点，树立新理念，创新高校思想政治工作的路径，构建全方位的高校思想政治教育共享体系，将社会主义核心价值观渗透进高校学生工作中，营造优良的校园文化环境，最终完成文化育人、立德树人这一重要使命。

在十九大报告中，习近平总书记指出："要以'一带一路'建设为重点，坚持引进来和走出去并重，遵循共商共建共享原则，加强创新能力开放合作，形成陆海内外联动、东西双向互济的开放格局"。自党的十九大之后，共商共建共享理念越来越成为社会共识。共享理念在文化上即反映为"共享文化"。这一文化发展理念与当前社会发展形势密不可分，在"互联网＋"时代，文化的传播与交流呈现出一系列新特征、新趋势，呈现出一种新的文化发展模式。高校思想政治教育领域，也必须"因事而化、因时而进、因势而新"，高校思政教育离不开文化的传播，树立"共享文化"理念成为高校思政工作的一种必然。

一、共享文化的特点与发展趋势

文化具有公开性、共享性，文化的传播与发展离不开各种媒介，在当前"互联网＋"时代，文化的公共服务色彩逐渐变得浓厚。各种"互联网＋"技术推动了文化传播的现代转型，互联网媒介的出现使得众多文化产品可以为大家共用，文化资源为大家共享，文化氛围为大家共融。共享文化与中国特色社会主义文化的发展方向是一致的，其必将给人民的生活带来巨大变化。在共享时代，文化主要体现出以下4个方面的特征。

（一）文化内容的信息化

在"互联网＋"时代，文化资源通过数字化、信息化和网络化的转化，成为各种互联互通的数据资源或文化产品，通过互联网平台影响受众。在大数据、云计算等技术的推动下，文化资源的信息化共享成为趋势，物质文化和精神文化、制度文化和行为文化等都能够在信息化的环境中传播，并被人们通过各种智能终端设备获取。与传统文化内容的固态化相比，当前文化内容的信息化趋势越来越明显。

（二）文化表现模式的多元化

传统文化多以文字、图形、建筑、雕塑等实体性形态表现出来，以静态呈现为主。但是现代文化在传播中，随着科技的日益发达，以图片、动画、影像、音频和视频等多媒体交互手段呈现出来的文化形式，其比重呈增加趋势，在当今数字媒体时代，文化的视觉化发展趋势日益明显，文化的表现形式日趋多元化。将静态的实体性文化视像化，对受众的观感体验造成了很大的冲击。

（三）文化传播交流的虚拟化

一方面，在互联网以及各种移动接收终端的加持下，文化内容以信息化的形式进行传播，无形性的网络文化逐渐盛行，这就造成了虚拟化的文化传播交流模式；另一方面，相比较传统实体性文化的直接交流形式，"用户之间体现虚拟交往形式"，网络用户以匿名的形式进行不可见的传播交流，虚拟生活逐渐在现实生活中扩张，甚至超越了现实生活。

（四）文化消费方式的碎片化。

当前随着手机、平板电脑等移动终端设备的普及，以"三微一端"（微博、微信、微视频和客户端）为代表的新媒体传播平台正在社会中发挥着重要作用。网络文化传播的"去中心化"产生了一系列弊端，纸媒的影响力在不断下降，很多自媒体的观点和意见成为受众获取文化信息的主要来源，内容为王的新媒体时代使阅读越来越碎片化，碎片式阅读越来越泛滥。这种碎片化的文化消费方式造成了文化的低俗化和娱乐化，削弱了文化的实质性与严肃性。

二、"共享文化"理念下高校思想政治教育工作的创新路径

高校思想政治教育工作与文化联系紧密，思想政治教育在"育人"的过程中，即表现为一种文化活动，"从广义上讲，思想政治教育也是一种文化熏陶和文化影响"，社会文化的变化和发展必然会影响人们的思维模式、价值观念和行为习惯等。按照马克思主义唯物史观的观点，人的思想意识由社会存在决定。在社会多元文化聚变、社会思潮发生重大变化的同时，高校思想政治教育工作理应得到创新以适应现代社会的发展。

（一）以"共享文化"理念构建思政共享课堂

思想政治理论课的课堂教学是高校对大学生进行德育教育的主渠道，也是高校宣传马克思主义理论和党的思想的主阵地。只有通过在思政理论课教学中面对面的师生互动交流，才能更好地引导和帮助大学生确立科学的世界观、人生观、价值观，所以，高校思想政治理论课课堂教学的主体地位是无可取代的。在"互联网＋"时代，随着信息化、网络化对大学生思想行为的影响日益广泛，传统思想政治理论课教学模式需要进行改革和创新。在"共享文化"理念下，构建思政共享课堂，可以提高高校思政课教育教学的质量和效率。构建思政共享课堂，首先，要立足高校思想政治理论课课堂教学本身，抓好理论和政治原则这一根本，在教学过程中实现师生的共情共享。在具体的课堂讲授中，一方面，思政教育教师要将具体的历史实例、鲜活的社会热点问题与基本理论联系起来，使抽象的理论和道理解说具体化，将事实、依据与学生共享，使其在理解上与教师达成共识。另一方面，思政教师在具体的课堂教学上要注重与学生的思想交流和情感互动。教师在讲授中有情感表达，学生在理解上有情感共鸣，才能使思政课堂教学的实效性落到实处。其次，要以网络为平台构建"共享型"师生教学交流平台。比如通过"微课""微视频"等实现思想政治理论课的翻转课堂教学模式，每个思政教师配备"在线答疑教室""交流 BBS"等 APP，学生可以通过手机、电脑等终端设备课前自学、课后巩固、课外拓展，以及与教师进行线上线下一对一的沟通交流，这样可以培养学生的自主学习能力，激发他们的学习积极性。有效利用网络平台的强大功能，构建畅通的信息沟通渠道，不断推进高校思想政治理论课由传统型课堂讲授向现代"共享型"网络平台教学转变，是"以生为本"这一高校思想政治教育理念的有效落实，也是新时代赋予高校思想政治教育工作者的重要使命。

（二）以"共享文化"思维传承中华优秀传统文化

一个民族的优秀传统文化蕴含了其民族精神和民族品格，其核心价值与当前社会主义核心价值体系的内涵是一致的，是人们生存的精神依托和精神家园。传统文化对人们有着熏陶和浸润的作用，青年一代的思想意识和价值观念的培育离不开中华优秀传统文化的渗透。当前在坚持"四个自信"的道路上，继承与发扬中华传统文化是文化自信的必然要求，高校思想政治教育工作领域也要重视这一点。高校思想政治教育在传承中华优秀传统文化方面要有共享思维，在共建共享的工作机制中使中华优秀传统文化得到传承和发展。以共享思维传承中华优秀传统文化，一方面要构建全体学生共享传统文化的思政教育工作体系，引导青年大学生全员参与到文化传承的活动中来。要想传承传统文化，首先要保护好现有的文化财富和精神遗产，不容他人抹黑和歪曲历史事实，这仅仅靠个人的力量是很难办到的，要靠全社会的集体力量。所以青年一代要有自觉维护本土文化的意识，这需要高校思政教育工作者主动去激发青年学生参与保护本土文化的自觉性，将青年学生全员共建的合力凝聚起来，共同参与到保护和挖掘传统文化的工作中去，提升青年的文化自觉能力和文化自豪感。另一方面，要创新文化传播路径，推动全体青年大学生文化共享。在当前"互联网＋"时代，信息资源传播迅速，在多元文化激烈碰撞的形势下，必须根据"97后"大学生的行为特点，创新传统文化传播新模式，充分利用大众传媒和各种新媒体进行文化传播。通过构建传统文化微信公众号、在线学习平台、微课微视频推送等传播"矩阵"，高校思政教育将传统文化因子与时事聚焦、社会热点、专业发展等联系起来，提高高校思政教育工作的趣味性、互动性和针对性，在"滴灌式""浸润式"教育教学中，努力让每位青年大学生都能感受到中华优秀传统文化的深厚内涵与底蕴，增强青年的文化自信心。总之，中华优秀传统文化是宝贵的精神财富，应当加以充分利用。以共享思维开创传承中华优秀传统文化的新局面，这不仅能激发广大青年学生的民族自豪感和民族自信心，还能促进社会主义文化的蓬勃发展，有利于社会主义和谐社会的构建。

（三）以"共享文化"视觉挖掘高校思政教学资源

新技术的发展和新媒体的广泛使用，使高校的教育越来越关注教育理念和学习方式的变革，共享是新时期网络媒体纵深发展的核心理念，其作为一种新的思维方式和资源配置模式，在高校思政教学资源的挖掘和整合方面应得到重视。高校思政教学资源丰富，对高校的人力资源、物力资源、文化资源以及组织资源等方面进行整合，有利于发挥高等院校内部和高校之间思想政治教育的最大作用力。如何利用新技术，通过各种平台串联各个高校的既有思政教学资源，在思政课堂教学、实践教学、合作教学等方面共享资源，达到共享共建共生的目的，是"共享文化"下整合高校思政教学资源需要解决的问题。首先是资源共享。"共享文化视觉"下，在教学资源的利用、教学手段的采用、教学方式的改进等方面，高校思想政治教育的理念应从"为我所有"转变为"为我所用"。例如，健全各高校之间的信息沟通渠道，通过资源共享，使思政教育教师自身的学术水平得到提高、教学知识得到充实；根据地区高校实际情况，依据地缘优势，建设教学资源库，通过资源共享，营造文化共融的氛围，有利于提升地方高校思政教学的亲和力和针对性。其次是新知探究。根据美国认知教育心理学家奥苏贝尔的理论，认知驱力在学生的学习过程中是最重要的一种动机。奥苏贝尔认为，认知驱力，就是指学生渴望认知、理解和掌握知识，以及陈述和解决问题的倾向。要想提高学生的认知驱力，相对于教学内容，学习情境更具有吸引力。在"共享文化"视觉下，通过多元化地展示核心精神、社会主义核心价值观等优秀文化，营造符合学生认知规律的思想政治学习情境，整合已有的知识，对学生进行知识引导，在此基础上构建学生的新知识体系，促进青年大学生的新知探究，这在高校的思想政治教育工作上能起到事半功倍的效果。最后是思想共生。在新媒体时代，共享作为一种应运而生的教育新模式，能提高学生的参与意识，这有利于教育的个性化与因材施教，也保证了思政教育教学的反馈机制能落到实处。这样学生的主体性能得到发挥，教师传统的教育思想能与时俱进而不被固化，教育的目标能更好地达成。在"共享文化"理念下，实现教育者和受教育者双向的"互动"与"沟通"，不仅能使师生之间的关系在教学过程中活跃起来，还能在此基础上引导学生的心态更加开放、个性更加张扬，学生的主体性得以凸显，创造性得以解放，有助于学生更好地体会生命的价值并实现自我价值。师生共同学习、进步，在思想上平等多元、互利共赢，是实现社会和谐、文明进步的有力保障。

（四）以"共享文化"媒介创建高校学生工作平台

为了增强大学生的政治敏锐性，提高大学生的价值判断能力，在日常的大学生思想政治教育活动中，高校必须高度重视文化的引导和教育功能，在"共享文化"理念下，利用新媒介和新兴教育技术手段创新高校学生工作模式，是紧跟时代步伐的必由之路。高校思想政治教育工作作为一项育人工程，其具有长期性和持续性，这就要求教育者坚持高校思想政治教育活动的系统性和连续性，因此，创建长期有效的高校校园文化共享机制非常重要。高校教育者和管

理者应当通过"共享文化"媒介，创建各种高校学生工作平台。在自媒体时代，高校要向学生群体传播先进文化和高尚价值观，除了传统的印刷书籍、报刊等，还必须有意识地利用各种网络工具，利用它们传播更快、交流范围更广泛等特点，开展形式多样、内容丰富的高校学生工作。例如，将QQ、微博、微信公众号等与学生工作的应用结合。建立各种QQ群组，如"辅导员群""年级群""班级群"和"班干群"等，在传递学校下发的通知、文件或信息的时候能做到严密、高效，不仅能有效提高工作效率，同时也能更好地与学生互动，掌握学生群体的意识形态新动向；创建学校或系部官方微博，每天发布学生喜闻乐见的名人风范、榜样事迹，以及广受学生欢迎的"早安心语""名人名言"等内容，创新形式传播社会主义核心价值观和网络正能量，弘扬主旋律，塑造昂扬向上的校园精神新风貌；还应将微信与学生工作广泛结合，微信是当前大学生群体使用较频繁的一款自媒体平台，通过微信的交流沟通，可以加强与学生的沟通和共鸣，增强学生工作透明度，正确引导学生。此外高校应组建专业的新闻宣传团队，通过微信公众号推送学校的各种新闻图片，代表学校或院系发声，也可以推送一些中华优秀传统文化案例，吸引更多学生参与探讨，增强青年学生的文化自信和爱国主义情操，整合各种网络文化磁场，最终聚合成巨大的力量。

第三章　全媒体环境下大学生思政教育的理论研究

第一节　全媒体环境下大学生思政教育现状

随着我国科技的进步、信息技术的成熟，全媒体环境悄然到来，大学生身处其中，其学习、生活受到较大影响。本节从大学生价值观塑造、教育方式对比、教育教学管理效能、大学生网络成长环境4方面探索全媒体环境下大学生思想政治教育面临的挑战，从利用"微媒体"拓展教育平台，运用"微思维"提升教育效果，借用"微课堂"提高大学生媒介素养3个方面提出全媒体环境下大学生思想政治教育的创新思路，以期为当代高校思想政治教育贡献绵薄之力。

随着科学技术的快速发展，手机、平板电脑在人民生活中得到快速普及，为全媒体环境的来临拉开了序幕。全媒体环境即以微信、微博等作为信息的传播媒介代表，具有传播内容短小精悍、传播速度更快捷、传播效果更具冲击力和震撼力的文化传播特征的媒体环境，也称作"微时代"。大学生群体属于"微时代"最为积极的践行者和体验者，"微时代"也影响着大学生的世界观、人生观和价值观的形成，因此重视全媒体环境下大学生思想政治教育已成为时代赋予高校教育的新责任。

伴随教育信息化时代的到来，以网络化、数字化、多媒化为特点的教育方法逐渐替代传统的教育方式，微信、微博、APP等"微工具"影响着当代大学生的价值观和行为方式，给他们的课堂学习、业余生活带来很多改变，给高校学生教育管理工作带来新挑战和新机遇。全媒体环境的及时性与广泛性等特点满足了当代大学生接收信息的需要，很多大学生逐渐成为全媒体环境下各种应用软件的使用者。作为高校教育管理工作者，我们需要合理把握机遇，不断创新教育理念，顺应新时代发展的要求，为高校教育管理工作注入新的活力。

一、全媒体环境下"微工具"的特点

全媒体环境是网络时代出现的一种新的媒体形态，通过互联网、无线通信、手机、笔记本电脑等载体，向用户传递、输送各种不同类型的媒体形态，比如，生活中常见的数字新闻、数字广播、数字杂志、通信工具等。全媒体环境已经基本上覆盖了全球，使人们的生活方式发生很多改变。人们可以通过电子书分享知识，通过视频开会、聊天，通过聊天软件获得信息。与传统的教育、教学方式不同，全媒体环境的到来使信息的获得更加开放、迅速，但在管理方面也给我们带来更多的困难与问题。

"微工具"是大学生参与社会活动，维持人际沟通的最佳选择，微信等"微工具"可以即时传递信息、发布信息，快速而直观地表达使用者的心情、观点。"微工具"具有主导性和跟随性，允许使用者根据个人的喜好来表述想法，大家可以跟帖、点赞和转发。总的来说，"微工具"对于大学生具有很强吸引力，在高校教育管理工作中发挥着重要作用。全媒体环境和"微工具"主要具备以下特点。

（一）公开性与大众性

全媒体环境下的信息传播不再有传统传播的局限性，使用方可以直接通过点对面的信息渠道公开发表自己的观点，很多身边的小事情都可以成为新闻内容，只要手机在手，就可以公开传播，让人人都成为信息的参与者与发布者。

（二）主导性与交互性

"微工具"允许使用方以个人偏好为导向发表个人见解，大家都可以跟帖，打破了传统媒体的单向信息传递模式，这样大家不但成为信息的接收者，还可以通过"微工具"进行互动与传递，全媒体环境下的网民既接受了信息，又参与了传递信息，还发布了信息，通过微信、微博等相互沟通，扩大自己的交际网。

（三）及时性与快速性

很多网民不用加工就可以完成信息的传播，这一点与传统新闻信息发布不同，现在新闻传播对格式、内容与形式要求不多，拍视频、发图、甚至几个字就可以将信息发布出来。很多新闻事件在微信等新媒体传播的速度比电视、广播等传统媒体要快得多，而且这些新闻资料可以被用户永久性保存，在及时快速的同时还具有可保存性。

二、全媒体环境下大学生思政教育面临的挑战

（一）大学生价值观偏离

全媒体环境下大学生经常运用微博、微信等平台自由地进行信息传播、观点交换、思想交流。大学生尚处在价值观不定型的时期，自我表现力强，部分学生为博眼球、刷流量而故意发表标新立异的言论，其中不乏不实甚至错误信息，造成部分大学生价值观偏离。由于大学生在微博、微信媒介中有好友群体，当微博讨论组、微信朋友圈、公众号上有人转发不实言论、不良信息时，容易形成"负面氛围"。大学生正处于价值观塑形的关键期，长时间受到负面观点、情绪的影响容易造成价值观偏离。另外，微博话题、微信朋友圈、公众号文章篇幅短小精干，易于阅读，适应现代大学生快节奏的生活方式，但文章、观点也往往因为篇幅受限或媒体不良行为而只呈现出片面信息。如朋友圈、公众平台传播某成功人士经验时往往掐头去尾，忽略其奋斗的艰辛史，最后给人的印象是成功很简单。大学生长时间处于信息片面呈现的世界，容易出现对人生奋斗意义的认知偏差，甚至出现价值观异化。

（二）传统教育方式受到挑战

"微时代"信息传播主体的网络化打破了教育者和教育对象的固有身份界定，微博、微信以便捷的信息处理、丰富的信息内容、时尚的信息传递模式等优势受到广大学生青睐。相较传统的"一师对多生"的教育方式，全媒体环境下教育主体多元化。学生利用微信、微博等载体接触大量的信息，价值观受到多元文化冲击。相较于传统的主流意识的教育方式，全媒体环境下教育的信息纷繁复杂，学生在知识习得过程中往往受到多意识形态的冲击。传统教育下的学生处于被教育的地位，而全媒体环境下学生成为教育主体，学生之间通过微博、微信媒介用自己群体喜爱的表达方式传递理念，影响他人，其中有时会渗入不良信息或错误言论。因此，全媒体环境下传统教育方式受到挑战，教育效果的不可控性随之提升。

（三）教育教学管理易受到冲击

微时代之下，微博、微信等媒介的运用，在一定程度上丰富了教育的手段，为相关育人教育地推进、发展提供了更好的平台，但微博、微信的便捷性及不可控性，使教育管理的有序性被破坏。微时代之下，信息传播具有方便、快捷的特点，且用户在注册微博和微信时为匿名，所带来的后果便是用户的整体素

质具有较大的差异，部分用户在发表言论时可能出现失当的情况，若出现了反对主流意识的思想言论，便出现责任无法明确的问题，从而对高校思想政治教育工作管理的科学性和有效性造成破坏，在一定程度上增加思想政治教育的难度。同时，微博、微信的便捷化能让学生随时随地发表言论，亦可随时随地刺激学生敏感神经，调动情绪。若突发事件出现，别有用心之人通过微博、微信借机煽动，传递不良信息，学生容易被迷惑甚至出现网络暴力，破坏高校教育教学管理秩序。

（四）易形成"信息茧房"效应

现如今，各类微博话题、微信朋友圈、公众平台的林立，容易导致网民内部划分小团体。美国哈佛大学教授凯斯·桑斯坦在《信息乌托邦——众人如何生产知识》一书中提出"信息茧房"概念。桑斯坦认为在信息交流过程中，数字化信息环境易形成如"茧"一般的包裹封闭状态，而人在活动过程中易根据自身偏好、意识趋向融入自己喜欢的"茧"，沉浸在"信息茧房"中，只选择和倾听能愉悦自身的信息，而不究其正确与否。大学生身处该网络成长环境中，只选择与自己想法相近或有共同点的群体，形成一个个小的"信息茧房"和"回音室"。大学生根据自身性格、习惯、偏好进入信息"茧"，数据平台使"茧"内信息实现专项个人定制和精准化推送传播，更加刺激"茧"内大学生对引发自身愉悦的信息的认同，并形成强互动性，甚至偏离正确的价值观。同时，所谓的观点共鸣易使身在其中的人自我满足、盲目自信。这种约束缺失的环境易让身心尚处在成长期且缺乏有效自制力的大学生产生偏激的行为、错误的认知、过度的自信。

三、全媒体环境下大学生思政教育创新思路

（一）利用"微媒体"拓展教育平台

在"微时代"的背景之下，信息具有传播速度快的特点，这为思想政治教育工作带来了极大的便利，使以前面对面交流的教育形式得到改变。在教育工作中，教师可以利用"微媒体"信息传播速度快的特点，缩短与学生沟通的距离。教师在实践中，需要充分了解全媒体环境下传播的特点和不足，做到扬长避短。在教育过程中，教师借助"微媒体"将传统的课堂集中教学时间进行扩大，通过"微媒体"将碎片化时间加以整合利用，提升教育时效性；同时将传统课堂空间加以延展，通过"微媒体"突破教育空间的限制。此外，教师还需

要不断提高自身的网络素养和微平台技术掌握能力，充分发挥微平台思想政治教育优势，同时学校相关管理部门也应安排人员对微平台的运行进行维护。

（二）运用"微思维"提升教育效果

在全媒体环境的影响之下，微博、微信等已成为大学生的重要交流工具，微博、微信不仅是展示自己的平台，也是和他人互动的重要工具，因微博、微信的信息具有较强的实效性，教师可以通过该平台对学生的思想动态进行了解，通过"微思维"促进教师与学生之间的沟通，提升教育效果。相较于传统的交流模式，全媒体环境下观点的交流、情感的沟通仅仅通过百余字就完全可以实现。这就需要思想政治教育契合时代特征，了解学生作为全媒体环境下信息受众的特点，开启"微思维"，提升育人效果。作为教育对象的学生消化教育相关信息的时间有限，此时作为信息传递者的教师就需要提供具有高黏度、冲击力巨大、可以在极短时间内吸引学生并提高学生阅读兴趣的教育教学内容，通过微博、微信进行观点、理念传递，进而引导学生接触并吸收内容丰富的信息，主动接受教育。

（三）借用"微课堂"提高大学生媒介素养

全媒体环境下，微博、微信的使用已经成为大学生日常生活中必不可少的一部分，因此思想政治教育工作者应给予一定的重视，利用"微课堂"对学生进行媒介素养教育。"微课堂"，即借助"微媒体"为授课载体，契合"微时代"受众喜好高黏度、冲击力强、短时间可抓住眼球的信息内容的特点，超越时间、空间界限，设计线上话题讨论、短文分享、知识点普及等环节，从而对学生实施教育。例如，运用"微媒体"，通过设计提升媒介素养的相应话题讨论，引导大学生在参与的过程中，审视自己的媒体行为，进而强化媒介意识、提高媒介素养。同时，"微课堂"参与面广的特点使身处其中的每位学生都能成为教育者，申请授课，在肩负教育责任的实践过程中，让学生产生主人翁意识，规范自身媒介行为，进而提高媒介素养。

"微时代"属于现代文明发展的产物，也是高科技进步的结果，其发展为大学带来了全新的文化景象。在全媒体环境的影响之下，思想政治教育工作更具挑战性，这也要求相关的工作人员从实际出发，对新时代的网络环境进行正确的分析，充分利用互联网的优势，对学生的网络道德观念进行引导，提升学生教育管理工作的针对性，为大学生思想教育工作的发展奠定良好的基础，使大学生形成正确的人生观和价值观，创建健康积极向上的"微舆论"氛围。

微信、微博等媒体在现代社会中发挥了越来越重要的作用，这些"微时代"

的工具具有传播速度快、实时传播以及内容原创性等特点，这些特点对大学生思想政治教育具有非常重要的影响。因此，在全媒体环境下高校要加强对大学生思想教育途径的创新，促进高校思想政治教育效果的不断提升。

随着网络计算机技术的发展，微博、微信、微视等各种信息平台和"微时代"工具逐渐产生，并应用到了社会的各个领域，为人们的工作和生活开启了一个新的时代。在全媒体环境下，信息传播便捷、通达，信息表达方式更具个性，也可以说全媒体环境的到来对人们的生活、学习以及工作方式产生了很大的影响。因此，在全媒体环境下，大学生思想政治教育工作者要利用好各种"微时代"工具，采用新的观念和方法，对大学生思想政治教育途径进行革新，以此来提高大学生思想政治教育的实效性。

四、全媒体环境下大学生的心理特点

（一）欲望与遮掩相交的心理

全媒体环境下信息传播形式不断改变，这为学生提供了展示自己的平台，在这种情况下大学生的心理也逐渐发生了变化，主要表现为以下几个方面。首先，学生的表现欲不断增强，主体意识凸显，愿意主动与他人进行交往，并渴望得到他人对自己的关注。其次，在全媒体环境下，人们喜欢在"微空间"表达自己的想法，满足自己的欲望，进而产生了敢于奋斗、勇于承担责任、主动感恩等思想。第三，全媒体环境下学生出于自尊以及外在形象考虑，会主动去掩饰自己在相貌、年龄、价值观念、能力素质、政治觉悟等方面的不足，在"微空间"内塑造完美的自己，但学生主动对这些缺点进行掩盖，对其自身的健康成长是非常不利的。

（二）探究与盲目相交的心理

受大学开放性环境以及先进性思想的影响，大学生为了更好地跟上时代步伐，会根据自己的兴趣、爱好选择各类生活服务，大学生的这种兴趣探究有利于自身的成长，对健全学生的人格，促进学生学习能力的提高等也具有重要作用。但在全媒体环境下各种信息内容良莠不齐，有可能使学生的思想和行为受到不利影响，进而呈现出盲目跟风等消极行为。有些意志不坚定的学生还会受到网络上一些不良思想的影响，给自己一生的发展埋下隐患。

（三）兴奋与肤浅并存的心理

在全媒体环境下，大学生的生活更具多样性、灵活性，这给大学生营造了很好的学习氛围。这种氛围使大学生敢于主动与他人进行沟通交流，勇于参与学校和社会建设。但在全媒体环境下，"微传播"具有娱乐性、虚拟性等特点，这种信息传播方式很容易影响到大学生产生的心理和行为，甚至会使大学生一些肤浅的思想和行为，比如沉迷自我，沉迷游戏，荒废学习，缺乏社会责任意识等。

五、全媒体环境下大学生思政教育途径

（一）加强思想认识，建立"微理念"

在全媒体环境下各种信息充斥在大学生的生活中，信息的复杂性对大学生的信息理解以及掌控能力提出了更高的要求。因此，在全媒体环境下大学生思想政治教育者要紧跟时代步伐，不断创新自己的教育理念，建立起以全媒体环境为核心的"微理念"。首先，思想政治教育要突出学生的主体性和个体性，尤其要尊重学生，平等对待所有学生，对学生的表现进行肯定，激发学生主动学习和接受思想政治教育的积极性，并认同教师所设计的思想政治教育内容。其次，思想政治教育内容要与实际生活结合起来，开展生活化的教育。只有开展生活化的教育，学生才能正视"微时代"的影响，才能将生活融入思想政治教育中，使思想政治教育更具感染力。最后，教师要从细微小事入手，将思想政治教育与"微传播"的内容、形式等结合起来，应用到学生的日常学习和生活中去，比如，利用"微传播"组织班级评选活动，利用"微传播"开展就业交流活动等，在师生中建立起"微理念"，促进学生思想政治素质的提升。

（二）加强教师素质培养，建立"微队伍"

教师在大学生思想政治教育中具有重要作用，所以在全媒体环境下要加强教师组织培养，建立"微队伍"，既要强化教师的理论知识，又要加强教师"微技"术利用能力、"微信息"传播处理能力、网络思政能力的提升。只有这样教师才能够在全媒体环境下与学生进行平等交流，才能融入学生的生活中去，才能准确地对"微信息"进行甄别，从而帮助学生建立正确的价值观。同时，教师要加强对党员、学生干部的思想教育，提升他们的思想素质，使他们能够在学习和生活中对其他同学起到带动作用，并鼓励他们做"微时代"的宣传员，与思想政治教育配合起来，对不良情绪的学生进行疏导，促进全体学生思想政治素养的不断提升。

（三）加强技术使用，建立"微素质"

在全媒体环境下，大学生"微素质"的提升是非常必要的，大学生对"微技术"的利用、解读能力影响着"微技术"对社会的作用。全媒体环境下，微博、微信等公开性的社会平台中信息量很大，并且信息的传播限制也较少，所以大学生在运用"微技术"时如果没有较高的素养，就很容易在杂乱的"微信息"中丧失判断能力，进而对学生的学习和成长产生不利影响。因此，高校思想政治教育工作者要对学生加强引导，引导学生正确运用"微技术"，正确处理"微技术"中的消极信息，并能够不断树立正确的价值观念，从而促进学生"微素质"的不断提升。同时，思想政治教育工作者也要主动对"微媒体"进行了解，利用"微媒体"与学生进行交流，对学生的"微空间"进行关注，发现问题及时解决，遏制学生错误想法的产生。

（四）加强监督引导，建立"微环境"

全媒体环境下，大学校园内所产生的"微环境"对学生的影响很大，从其主流发展方向看好的影响因素多，但"微媒体"具有虚拟性、开放性等特点，所以在"微媒体"的运行过程中不可避免会出现违反道德底线、逾越法律底线的信息，也有一些不法分子、利益分子、极端分子、崇洋媚外分子利用"微媒体"进行虚假思想、负面思想的传播，这些对大学生思想政治教育产生了很消极地影响。因此，在全媒体环境下，高校要对大学生思想政治教育的影响进行客观分析，要对"微媒体"胡乱传播信息等行为进行严格规范，对网民的言行进行指正，以此来促进大学生思想政治教育的顺利进行。同时，良好的"微环境"的建设还需要政府、学校、社会、教师、学生等多方面的共同配合，全力监管。在具体的监督管理过程中，高校要建立信息审核制度，从源头上对学生的思想政治教育内容进行规范，对学生的思想行为进行约束，从而引导学生自觉遵守法律与道德规范，建立起有利学生思想政治发展的"微环境"。

全媒体环境下，大学生的心理发生了很大的改变，而"微技术"的应用、"微信息"的传播等也对高校思想政治教育工作提出了新的要求。因此，在全媒体环境下，高校思政政治教育工作者要正视"微时代"的影响，做好"微时代"舆论导向的引导，不断优化自己的理念，将"微技术"的功能充分地发挥出来，只有这样才能使大学生在全媒体环境下端正自己的思想，树立正确的价值观念，从而促进高校思想政治教育工作有效性的提升。

第二节 全媒体环境下大学生思政教育生活化

以微博、微信等为主要标志的全媒体环境，丰富和便利了大学生的生活。在此契机下，大学生的思想政治教育生活化就成为一个研究热点。本节主要阐明了全媒体环境下大学生思想政治教育生活化的意义，进而提出实现路径，以期给相关人员提供参考。

在网络高度发达、手机全民普及的今天，大学生的思想政治教育正发生着剧烈的变化。以微博、微信为主流的全媒体环境，正在成为大学生进行交流、学习以及提升思想政治素养的重要渠道。全媒体环境是随着网络信息技术的飞速发展，以微信、微博等微媒体的产生作为主要标志，运用社交化、移动化、瞬时性、跨平台等微传播方式向微社群传播相应的微内容的媒体环境。在这样的背景下，大学生的思想政治教育只有走生活化的路径，才会变得更有价值。如何构建全媒体环境下大学生思想政治教育生活化的路径是本节研究的重点。

一、全媒体环境下大学生思政教育生活化的意义

（一）真正实现大学生思想政治教育理念深入人心

大学生的全面发展，是大学生思想政治教育生活化的本质目的。微时代下的大学生思想政治教育生活化主要倡导通过提升大学生对于微时代的参与度，以及他们在这一过程中对自我行为的反思，达到社会和大学生之间的相互沟通、磨合的目的。通过这样的方式，实现大学生的全面发展，指导大学生积极承担主人翁角色的责任。我国传统意义上的思想政治教育是发现问题、分析问题、解决问题这样一个被动的模式。然而微时代大学生思想政治教育生活化主要以预防为主，关注大学生的内心世界，变被动为主动，最终使大学生思想政治教育生活化的理念深入人心。

（二）真正实现理论与实践的结合

意识对物质具有反作用，理论所具有的真正价值在于其对实际生活有一定的指导作用。大学生思想政治教育实际上就是要关注马克思主义的相关理论，但是学生们常常对此感到枯燥乏味，不感兴趣。伴随着信息大容量的传播、获取信息的便利性，微时代悄然来临。对于一线的教育者而言，这些微平台提供了大量新鲜的热门案例，教育者可以将这些有趣的生活案例引入到课堂当中，以调动学生的学习积极性，真正实现理论与实践的有机结合。

（三）真正实现线上和线下完美对接

传统的大学生思想政治教育课程基本上都是大课型，每次课程台下坐着 100～150 人，有一些同学浑水摸鱼或者选择逃课，课堂效果非常不好。而且理论教育内容单调，难以引起学生兴趣。同时，课堂时间有限，学生又很多，难以实现真正的互动。然而在微时代下，教育者可以通过大量的素材，比如图片、视频、新闻等将内容呈现给学生，内容丰富、精彩、时效性很强，学生学起来会更加认真。由此可见，利用微时代的红利，能够将生活中的故事带入到课堂来，真正地实现线上和线下的完美对接，提升学生的学习兴趣。

二、全媒体环境下大学生思政教育生活化的实现路径

（一）实现线上教学和线下教学有机融合

微时代的课堂，必然是异彩纷呈的。传统的"填鸭式"教学模式，必然成为过去。大学生思想政治教育必然要生活化，这是硬性的要求。教育者可以凭借微时代的东风，开展翻转课堂，通过网络获取更多高质量素材，使用微媒介录制高质量课程视频，利用"超星"等网络平台，提前将要学习的思政课内容以更加生动有趣的方式录成视频放到平台上。学生在课后可以通过网络平台学习，课上可以进行学习成果的分享及答疑。这样可以有效提升学生学习的积极性，还可以培养他们独立解决问题的能力，以此来实现线上教学和线下教学有机融合。同时，有条件的高校还可以组织教师多拍一些优质视频，放到学校的网站上供全校学生公选。学生可以通过网络学习拿到学分，跨专业的学生也能学习到更多的知识。

（二）走进彼此的"朋友圈"

微时代里，学生喜欢通过微信朋友圈、QQ、微博、今日头条等来发表自己的观点、态度、心情等内容。这种生活方式的变化，要求教育者必须摒弃"高高在上"的形象，真正走进学生的生活，走进学生的"朋友圈"。只有真正地了解学生的动态和所思所想，才能真正使思想政治教育生活化。同时，高校也应该培养一批熟悉微时代中的微网络、微心理并且技巧娴熟的教育者。见微知著，通过学生所发的一些动态，教育者能捕捉到他们的思想动态，从而更加深入地推进思想政治教育生活化进程。事实上，在微时代，学生同样需要被关注、被认可和被喜欢。作为教育者，不能只管课上不管课下，应该走进学生的生活，包括现实生活和网络生活。同时，教育者就网络热点问题还可以开展师生间的

深入探讨，对他们的困惑和疑问进行解答，拉近师生间的距离，从而更好地推进微时代大学生思想政治教育生活化。

（三）开展积极健康的网络行为

在微时代，当代大学生可以通过网络进行交友、发帖子、搞活动、搜集信息等，对于这些网络行为，教育者们既不能粗暴干预和制止，也不能放任自流。微时代思想政治教育生活化要求大学生慎独、慎微、知耻，从而进行自我教育和约束。在微时代，教师需要对大学生的网络行为进行引导。第一，要引导大学生自觉抵制网上的一些不良信息，做到文明上网。第二，要引导学生文明交友，同时保持好现实生活中的人际关系，更要处理好虚拟和现实的关系。

微时代既给大学生思想政治教育的生活化提供了媒介和平台，同时也向教育者提出了挑战。大学生思想政治教育生活化是整个中国社会发展的需要，也是提高大学生思想政治素养的有效途径。总而言之，源于生活的思政教育，才是有血有肉的，才是真正有价值的教育。

第三节　微时代大学生思政教育精细化

微时代的到来和信息技术的快速发展，为大学生思想政治教育精细化发展提供了重要的契机和条件。随着社会经济的快速发展和移动终端技术的普及，大学生思想政治教育的工作环境也随之发生了巨大变化，在新时代发展背景之下，呈现出多元化发展的新特点，并为当前大学生思想政治教育工作的精细化发展提供了一种全新的探究模式。在新时代发展背景下，加强对大学生思想政治教育精细化路径的探索、研究成为教育工作者的当务之急，对加强大学生思想道德建设具有重要的现实意义。基于此，教育者要从微时代大学生思想政治教育精细化的内涵出发，分析探索大学生思想政治教育精细化路径的必要性，论述微时代大学生思想政治教育的环境特点，并对其精细化发展的路径进行简要探讨。

随着信息网络技术和移动终端技术的迅猛发展，微信、微博、QQ 等移动应用平台成为信息时代浪潮的重要组成部分，微时代已经到来。以移动终端为主的微媒体凭借自身的独特特点，在大学生群体中获得广泛认可，并成为当代大学生信息接收和共享的重要途径，具有广泛且扎实的群众基础，对大学生的思想道德、行为习惯、生活方式等方面产生了重要影响。因此，高校要牢牢把握当前微时代发展的前进方向，以此为主要契机和切入点，加强对大学生思想政治教育的精细化研究与探索，不断提高思想政治教育的质量和水平，进而促进大学生思想政治理念的科学化发展。

一、微时代大学生思政教育精细化的内涵

大学生思想政治教育精细化是一个综合性的概念，是教育管理理念、教育模式和价值追求三者的有机融合。从思想理念方面来说，大学生思想政治教育精细化要求教育者从大学生身心发展的情况出发，对思想政治教育工作进行分析、反思和总结，从细节入手，侧重于教育工作的实效性和科学性；从教育模式上来说，大学生思想政治教育精细化发展是一种自觉性的管理活动，通过对学生引导和启发形成常态化管理模式，重视学生在思想政治教育活动中的主体地位，尊重学生的全面发展，将思想政治教育的精细化落实在实际的管理工作之中，强调教育性和人文性的融会贯通；从价值追求方面而言，大学生思想政治教育作为一项基础育人工作，是螺旋式的上升发展，教育工作者要不断创新理念、改进方法，将培养大学生良好的思想道德修养作为自身工作的出发点和落脚点。

因此，微时代大学生思想政治教育精细化，通常是指教育工作者以微信、QQ、微博等移动应用程序为主要教育平台，加强对大学生的思想政治教育，积极拓展思想政治教育的方式和渠道，提高大学生思想政治教育的主动性、发展性，引导大学生树立正确的思想道德理念，促进大学生的全面发展。

二、微时代探索大学生思政教育精细化路径的必要性

（一）我国社会发展的客观需要

经济全球化的快速发展和世界文化多元化趋势的不断加强，在促进我国社会经济发展的同时，也在一定程度上导致功利主义、极端主义和拜金主义等不良价值观的传播，并对大学生的思想道德、行为习惯及价值取向等方面产生了负面影响，不利于大学生良好思想道德修养的形成。学生思想行为的细节变化，难以在传统的思想政治教育课堂中表现出来。因此，在微时代的时代背景之下，思想政治教育工作者要积极转变教育观念，创新教育方式及模式，以大学生喜闻乐见和具有大众化特征的新型途径来加强对学生的思想政治教育，实现教育的精细化发展。同时，微时代探索大学生思想政治教育精细化路径，是贯彻和落实以人为本科学发展观的重要举措，部分高校重视思想政治教育的社会功能，

对其潜在教育功能有所忽视，难以对学生思想政治教育中存在的问题采取有针对性的措施来加以解决。因此，教育工作者要牢牢把握微时代的发展方向，以科学发展观为指导，关注学生的思想价值取向，充分发挥思想政治教育的育人功能。

（二）时代发展的必然要求

微时代探索大学生思想政治教育精细化路径是时代发展的必然要求。目前，我国正处于社会主义改革的攻坚阶段，大学生思想政治教育要符合当前时代的发展趋势，迎合时代发展潮流，采取具有时代特征的途径，对思想政治教育的方式、途径、理念等内容进行精准化的定位与研究。在很长一段时间内，高校大学生思想政治教育以传统化的课堂教学模式为主，内容侧重于中国特色社会主义理论、社会主义核心价值观等，并根据主题的不同进行不同的板块理论教学，内容和形式比较枯燥烦琐，缺乏与社会实践的紧密结合，思想政治教育的说服力难以有效保证。因此，思想政治教育工作者要把握时代脉搏，积极探索与大学生心理需求相匹配的思想政治教育模式，形成具有微时代特征的思想政治教育模式，构建平等、民主、互动的交流教育体系。同时，正是因为微时代的到来，思想政治教育内容要与时代发展相契合，优化配置教育资源与内容，实现大学生思想政治教育的精细化发展。

三、微时代大学生思政教育的环境特点

（一）丰富性

微时代大学生思想政治教育环境具有丰富性的特点，微时代的信息传播以移动终端为主，具有便捷性和高效性的双重优势。以信息网络技术为主的移动终端，在科学技术日益发展的今天，其本身所存储的信息数量极为庞大，资源范围极为广泛，并且信息交流和发布具有极大程度上的灵活性。同时，随着移动终端技术的日新月异和功能的多元化发展，大学生可以通过复制、粘贴等现代化技术，将相关信息进行广泛传播，传播途径进一步拓展。内容和资源的丰富性特征使大学生思想政治教育的广泛传播成为可能，有效地拓展了大学生思想政治教育的广度和深度。

（二）即时性

微时代大学生思想政治教育环境具有即时性特点，信息网络技术与移动终端的发展有效地加快了信息传播、接收、反应的速度，高校思想政治教育工作

者可以通过微信、QQ、微博等应用程序进一步对思想政治教育内容进行传播，提高自身对信息反应的应急和处理质量。除此之外，在信息传播过程中，难免会有负面信息、功利思想、拜金思想等不良思潮的传播，因此高校思想政治教育工作者必须对思想政治教育信息进行及时有效的筛选。同时，网络技术可以使思政教育在一定程度上打破时间和空间的限制，实现思想政治教育资源的共享。

（三）互动性

微时代大学生思想政治教育环境具有互动性的特点。微时代的大学生思想政治教育精细化作为一种新型的教育模式，实现了现实生活与网络生活的紧密联系，两者相辅相成，通过内容、形式、实例的融会贯通，加强了思想政治教育工作者与大学生的沟通交流，使大学生思想政治教育朝着互动化的方向发展。思想政治教育工作者可以通过现实生活和网上教育统一化发展，探索并构建引导、启发、教育有机结合的管理体系，并对大学生思想政治教育中存在的问题给予针对性的回答，有效地避免现实生活中的尴尬问题，充分调动学生接受教育的主动性和积极性。

（四）隐蔽性

微时代大学生思想政治教育环境具有隐蔽性的特点。在微时代构建的思想政治教育精细化模式，是一种独立于现实生活之外的虚拟化、网络化的社会环境模式。利用精密化的信息网络技术开展的大学生思想政治教育活动具有较强的自主性和选择性，其中相应的思想政治教育服务器的内容可以进行有效的更新，学生可以改变自我的身份属性，以一种全新的身份参与到思想政治教育活动之中，通过多元化的信息传递内心的真实想法，强化思想政治教育活动的趣味性。学生在潜移默化的微时代环境中，以活动、娱乐的方式感受相关理论教育，增强了思想政治教育过程的柔性，便于学生接受和理解。

（五）精准性

微时代大学生思想政治教育环境具有精准性的特点。微时代的移动终端环境营造了一种虚拟化的网络环境，具有广阔的言论讨论空间，大学生在这一环境中可以就内心的真实想法畅所欲言，避免出现现实教学环境之中信息不对称的情况。当前，移动终端信息平台在国家政策的引导和强化下，需要保证相关信息的准确性。教育工作者应将大学生思想政治教育与微时代紧密结合，使之更加符合学生的身心发展特点，教育工作者要对大学生的思想动态进行精细化的把握，实现思想政治教育效果的最大化。

（六）平等性

微时代大学生思想政治教育环境具有平等性的特点。微时代的大学生在信息传播和接收的过程中扮演着主导者的角色，以一种平等、民主的姿态与方式对自己内心的想法进行更为真实、准确的表达，有利于思想政治教育工作者从大学生身心发展的实际情况出发，对学生的内心需求进行更为精准化的把握，遵循循序渐进的原则，使大学生与思想教育工作者处于同一平等位置，构建民主化的师生关系，引导学生用积极健康的心态面对学习、生活和工作中的问题，尊重学生的个体差异，有的放矢地开展大学生思想政治教育工作，朝着精准化的方向发展。

四、微时代大学生思政教育精细化发展的路径

（一）确立以生为本的思政教育理念

微时代大学生思想政治教育工作者要确立以生为本的教育理念，加强与大学生的沟通交流，引导学生树立正确的人生观、世界观、价值观。在大学生思想政治教育精细化发展的过程中，高校思想政治教育工作者要重视微时代对思想政治教育发展的重要意义，深刻认识并理解微时代为大学生思想政治教育工作带来的机遇与挑战，大力加强思想政治教育工作者队伍建设，提升教育工作者的专业素养和信息技术素养，使思想政治教育工作与教育理念有机融合，促进思想政治教育工作的科学化、人性化和平等化。在思想政治教育理念构建和发展过程中，教育工作者要创新教育理念，尊重学生在教育过程中的主体地位，提高大学生接受思想政治教育的主动性与积极性，鼓励学生通过微媒体平台积极表达自己的内心想法。

（二）创新并开拓大学生思政教育的发展路径

全媒体环境下，高校要积极创新并开拓大学生思想政治教育的发展路径，为大学生思想政治教育提供多元化的方式方法，保证思想政治教育工作的实效性。首先，高校要拓展大学生思想政治教育的渠道，做到定位精细化，积极主动利用移动网络终端，探索适合当代大学生身心发展的思想政治教育模式，在课堂教学过程中，加强微媒体与课堂的有效互动交流，增强思想政治教育理论的感染力。课后，学生可以与教师进行有效的互动，实现思想政治教育工作对学生生活的全覆盖。其次，加强微时代的移动终端平台建设，以班级 QQ 群、博客群、微信群等形式，加强与学生的沟通交流，及时掌握学生的思想政治意

识走向，使思想政治教育工作更加贴近生活、贴近学生。最后，加强高校思想政治教育的校园文化建设，通过微时代的网络设备引导正确的舆论方向，对大学生的思想政治活动起到潜移默化的影响作用。

（三）高效整合大学生思政教育的媒体资源

高校要积极、高效地整合大学生思想政治教育的媒体资源，以便更好地开展大学生思想政治教育工作，提高当代大学生的思想政治觉悟，为我国社会主义现代化建设提供重要的人才支持。高校要在传统媒体的基础上，对大学生思想政治教育的微媒体资源进行有效的整合，并为思想政治教育工作提供内容丰富、形式多样的教育素材，教育工作者在对某项思想政治教育信息进行传播时，可以通过传统媒体的检验，保证其内容的真实性和积极性，进而通过微媒体对大学生进行思想政治教育，形成客观化、平衡化和精细化的思想政治舆论格局，使思想政治教育更加具有权威性。同时，微媒体思想政治教育信息的传播，使学生实现思想意识和行为习惯的有效转变，将以思想政治教育为主的社会实践活动深入到微媒体传播之中，传播社会正能量。

（四）提高大学生思政教育工作者自身的综合素养

微时代大学生思想政治教育工作者要提高自身的综合素养，为提高大学生思想政治教育工作的质量与水平奠定重要的素养基础。第一，要丰富和完善高校大学生思想政治教育理论体系，使思想政治教育工作者的媒介素养内容不断丰富和发展，加强对新闻学、传播学、教育学、中国特色社会主义理论等内容的学习，结合微媒体自身的发展特点，形成良性发展的精细化教育模式。第二，制定思想政治教育工作培养教育制度，提高思想政治教育工作者的科研能力和水平，积极举办以媒介素养为核心的社会实践培养活动，通过外聘相关领域专家，对教育工作者开展能力提高讲座，进行有效的专业指导。第三，为教育工作者综合素养的提高提供多元化的发展平台及途径，加强与其他媒介机构的合作交流。

（五）建立健全微时代大学生思政教育精细化管理体系

高校要建立健全全媒体环境下的大学生思想政治教育精细化管理体系，为提高思想政治教育工作的实效性提供重要的制度保障。大学生思想政治教育工作涉及高校建设的各个环节，以最大限度地发挥微媒体的功能，促进大学生思想政治教育的精细化为目的，通过微媒体的动态化管理对思想政治教育信息的传播与推广进行有效的维护和监督，为学生思想政治觉悟的提高提供良好的社会、校园环境。同时，我们要加强对微媒体的网络监管，充分调动社会各方力量，建立健全相关法律法规，引导正确的社会舆论，确保微时代大学生思想政治教育的准确性和精细化。

探索微时代大学生思想政治教育精细化路径，要牢牢把握时代的发展方向，充分利用微媒体的发展优势，用现代化手段提高大学生的思想道德修养，形成多元化发展的大学生思想政治教育格局。

在信息传播技术广泛应用于社会各领域的信息化时代背景下，大学生思想政治教育为实现高校教育理念革新和学科教学模式创新，结合全媒体环境下信息传播技术的应用优势，积极探索大学生思想政治教育载体向多元化发展的教学模式。结合大学生思想政治教育的教学特点和多种微型信息传媒工具的技术应用优势，探讨全媒体环境下大学生思想政治教育载体多元化的可行性路径。

信息化技术的发展为社会中各群体、各组织以及个人之间的相互性信息交流建立了多种方式和多种途径。以数字信息传播技术为依托的网络信息传播平台，是人们在社会工作活动、生活活动、学习活动中重要的信息交互平台。随着多媒体技术在高校各学科教学活动的广泛应用，大学生思想政治教育工作在全媒体环境下，结合自身教育教学特点与微媒体的技术应用特点，实现了大学生思想政治教育工作的模式创新，进而在高校人才培养工作中发挥更大的作用。

信息化时代将人们的生活与工作用互联网编织在了一起，网络上的交流互动逐渐成为人们重要的社交途径以及工作的新方式。在这样的信息传播背景下，微信、微博、QQ 等微型信息传播工具因为其更高的使用自由度和更广的使用受众面，成为人们主要的信息交流工具，开启了人们交流互动的全媒体环境。全媒体环境的信息传递工具即微媒体，在传播上具有信息内容丰富、信息传播速度快、信息沟通互动性强的显著优势，在高校大学生群体中使用范围广泛。从网络传播信息的角度看，全媒体环境具有以下明显特征。

第一，信息传播的内容大众化，其面向的受众群体是大多数普通人，同时也为所有使用微媒体的受众群体以及个人提供信息交流互动的机会，人们可以根据自己的需要，在法律规范以内任意地使用文字、语言、图片、视频等方式，表达想要表达的信息内容。第二，信息传播的便捷性，互联网的功能早已成为人们社会活动和生活活动的重要方式和途径，全媒体环境下互联网的功能更加的具体化，摆脱了以前只能在电脑前进行操作的局限性。第三，全媒体环境能够最大化地方便人们的交流互动行为。现代信息传播活动不再是以信息源为中心单向地向受众输出，由于数字技术的发展为信息传播提供更全面的技术支持，

全媒体环境下的人们不但实现了信息传递的相互化，而且实现了群体组织精准划分的功能，为特点相近的人群或特殊需要的人群有针对性地建立互动途径。

五、微时代给大学生思政教育带来的积极影响

（一）丰富了大学生思政教育的内容

随着网络传播技术在大学生群体的发展和深入，大学生获取信息的途径和范围得到拓展。网络平台丰富的资源可以突破时间和空间的限制满足大学生的需求，特别是微信、微博、QQ 等微型媒体在大学生以及全社会的广泛应用，使信息媒体资源的流通，全方位地覆盖了大学生群体的生活与学习。思想政治教育工作可以结合网络平台的信息资源、内容在传播上的优势，从信息资源的收集、整理、编制等方面进行整合加工，再通过微媒体工具向大学生群体传输，提升大学思想政治教育内容的质量和丰富性，拓展思想政治教育内容的形式和传播途径，实现与大学生群体之间内容与需求的有效链接。

（二）增强了大学生思政教育的效率

微媒体传播工具是网络信息传播平台中重要的交流互动工具。如微博、微信等微传媒工具具有极强的实效性，在网络畅通的前提下可以突破时间与空间的限制和内容形式的束缚，还可以建立群体划分和一对一私人的沟通。微媒体这些优质特点决定了它在网络信息传播中的重要性和网络受众面的广泛度。大学思想政治教育工作结合微媒体传媒工具的优势，可以将思想教育内容在大学生需要的任何时间对其传递，并可以主动性地向大学生开展单向、多向等多种形式的教学活动，通过微媒体的有效交流互动功能，及时接受学生向教师辅导员的反馈和向学生即时性的教育传输。从而实现大学生思想政治教育工作从教育内容的传播形式、传播时间、反馈渠道等方面的综合性效率大幅度提高，保证大学生思想政治教育工作在大学生群体之间高效开展。

（三）延伸了大学生思政教育的平台

传统的大学生思想政治教育工作的教学形式是教师、辅导员面对面对大学生进行辅导。这种传统形式有一定的优势，同时也存在一些不足之处，大学生在接受教育时处于被动接受的地位，很难真正实现教师与大学生之间的有效交流互动。大学生的思想状态与对教学内容的理解程度不能向教师反馈，教学效果很难达到教学目标的要求。存在这个问题的根本原因是教学活动过程中教师不能有效调动学生的自主积极性，微媒体在大学思想政治教育教学活动中的使

用能够有效解决这个问题，将教师与大学生之间的交流形式从传统的面对面延伸到网络媒体的交流互动平台中，通过这种网络沟通互动的形式，大学生能够更加从容自在地与教师进行有效沟通。网络沟通形式的丰富性能够极大地激发学生主动与教师交流的积极性，从而使教学活动真正实现了教师与学生之间的信息互相传递转换。

六、微时代大学生思政教育载体多元化的构建途径

微时代的到来，为大学生思想政治教育工作带了巨大挑战的同时，也为大学生思想政治教育工作的改革创新带来了前所未有的机遇。大学生思想政治教育工作应从教学理念上创新、转变教育视角，在保留并发扬原有的大学思想政治教育载体的基础上，积极地开发微时代媒体的多元化载体功能，从而在教育教学活动中更加切实有效地指引大学生健康成长。

（一）课堂教学载体的创新

1.传统高校教育教学规划中将教学内容以课堂教学为载体对大学生进行传递教育

课堂教学载体是高校进行教育活动的主要形式，在多种学科教育中广泛使用。课堂教学载体也是大学生思想政治教育载体体系中的基本构成部分，也是重要构成部分。大学生思想政治教育工作应积极融合微时代媒体传播信息的技术优势，对课堂教学载体进行创新，提升大学生群体对思想政治教育教学活动的积极性。

2.提高教师对于微媒体技术操作方面和模式运行方面的能力

在微媒体中如微博、微信、QQ、MSN、INS 等信息传播工具在信息获取与输出方面具有一定的应用范围和代表性。教师需要对这些微媒体的基本使用原理和运营模式进行技术方面的了解，利用好微媒体在信息传播方面的优势功能，挖掘网络信息资源，积极丰富教学内容的知识相关和教学内容的表现形式，从而达到用教学内容激发学生兴趣、激发学生积极自主性的目标。学校管理机构应开展相关活动提升教师素质，对教师学习掌握微媒体知识进行帮助性培训。

3.丰富思想政治教育的理论知识内容

大学生对思想政治教育的理论知识内容感到乏味，难以提升学习兴趣，是高校大学生思想政治教学存在的普遍现象。教师应利用微媒体积极地了解外界时事动态与实际生活中相关的信息资源，丰富思想政治教育的理论知识内容。

把理论知识的重点内容与相关时事热点事件衔接起来，用实例的方式将教学内容形象化，并利用图片、影音、视频等多种信息化方式对理论知识进行呈现，使思想政治教育理论知识内容生动化、形象化，并与大学生群体实际生活紧密衔接，从而使大学生对思想政治教育理论知识更容易理解也更容易产生主动了解的兴趣，从而在实际课堂教学活动中调动大学生的主动性，主动学习理解思想政治教育的理论知识。

4. 创新课堂教学的方式

传统教学方式中教师对学生进行单向的灌输式教学内容传递，大学生在教学活动中是被动接受的角色。这种教学方式遏制了学生与教师之间的主动性互动，影响了教学效果的提升。教师应结合微媒体的信息采集技术，丰富相关教学内容的知识延伸性和展现形式，在激发学生学习的积极性前提下，与学生展开积极的交流互动，并有效利用微媒体的信息传递方式来激发学生在交流互动的过程中对于内心想法的表达。教师应在课堂教学活动中鼓励学生使用微媒体工具的图片、影音传播功能向教师传递所要表达的信息，最终营造课堂教学活动中交流互动的良性化、积极化的课堂气氛。

（二）传媒载体的创新

传统的大学生思想政治教育，利用报纸、刊物、广播、文件等形式的传媒载体对大学生进行思想政治宣传和教育。利用传媒载体进行教育内容传递不但实现了教学目标，而且在空间和时间上实现了更多途径的传播，将微时代的信息传播技术有效融入大学生思想政治教育传媒载体中，实现传媒载体方式的创新发展，能够更充分地完成传媒载体的传播任务。

1. 建设网络思想政治教育阵地

微时代的信息广泛传播，对大学生群体的思想和意识形态产生着重要的影响，大众媒体以信息形式多样化、全面化、丰富化的内容传播主导并吸引着大学生群体的关注度。思想政治教育工作应增强自身革新意识，清晰客观地分析网络思想动态，积极主动地参与到网络思想的竞争中，对大学生的思想状态和意识形态进行科学有效的引导和帮助。在大学生思想政治教育工作的实际操作中，高校通过学校主题网站和公众号等平台开展思想政治教育内容的宣传与教育，用科学的思想观念引导学生面对社会问题。正确引导舆论方向，通过微信、微博的及时沟通，一对一地对大学生进行思想政治辅导，并在网站或群体消息栏中对热点时事进行引导性的评论，将大学生思想政治教育内容通过微媒体的途径对大学生群体进行全方面覆盖。

2. 建立网络舆情高校干预系统和干预机制

高校网络舆情中体现着高校大学生的思想状态和意识形态，对学校教学氛围和师生生活氛围的和谐稳定有着重要的观察作用。在网络信息传播平台中，有一些负面信息对大学生思想产生不良影响，使正处在思想意识成长阶段的大学生产生迷茫和低落情绪，不仅严重影响着教学质量的提升和学生心理的健康成长，而且影响着社会发展的和谐。高校应建立并完善大学生思想政治网络舆情干预系统，加强高校在网络舆情方面的管理与控制，利用微媒体社交的普遍性和即时性，积极进行舆情预防和舆情及时处理的思想教育工作。高校还应加强对大学生媒体素养的思想教育和网络行为的规范，并从思想政治的高度对大学生进行指引。

（三）实践活动载体的创新

思想政治教育实践活动是大学生思想政治教育的核心教育方式，也是重要的教育内容传递载体。传统的思想政治教育实践活动多是学校组织实施的校园内部活动和与社会衔接的党政单位组织的教育实践活动。在微时代信息化背景下，大学生群体的主要活动空间已经从实际空间转入网络空间，网络空间不仅吸引了大学生群体的关注度和参与度，而且成为大学生思想教育工作对大学生群体进行思想引导的主阵地。高校将思想政治教育工作内容发展到网络空间不仅是在网络上进行思想的宣传与教育，更是帮助大学生理解教学内容的有效教学载体。教师应积极利用微媒体内容传播形式丰富的特点，在网络上组建微讨论、微关爱、微型讨论会、微型时事评论会等网络实践活动，利用时间的灵活性和空间的自由性激发大学生的自主参与积极性，完成教学内容在实践中进行验证的教学目标。

积极开展网络"微教育"活动。微时代的微媒体有着传播及时性和自由性的特点，能够最大化地促进教师和大学生之间的交流互动，微媒体应利用交流互动的良性发展形势，积极与大学思想政治教育内容实践活动相结合，并将这种实践活动的优势长期延续下去，促进大学生思想政治实践活动效果的最大化。"微教育"是指以微媒体为载体的长期发展的思想政治教育活动。"微教育"将学生的长期活动与思想政治教育相结合，对学生进行及时、有效、稳定、长期的教育。长期的思想政治教育对于学生的思想成长有着至关重要的帮助作用，"微教育"是思想政治教育工作的重点教学项目。

大学生思想政治教育教学工作是我国高校各学科中最为重要的工作。在教育领域有着重要的意义和根基作用。高校大学生思想政治教育工作从长期的实践教学活动中，总结和发展出一定的优秀教学经验和教学理论。高校在优秀教学传统的基础上积极结合信息化多媒体的优势，开展与时代全方位结合的大学生思想政治教育工作，特别是有效利用全媒体环境下的微媒体信息传播优势，与大学生群体建立紧密而良性的互动关系，借助互动关系优势，积极地用思想政治教育教学内容对大学生的意识形态和思想状态进行引导教育。

第四节　人文关怀与全媒体环境下大学生思政教育

全媒体环境作为社会发展的新形态，对社会各界尤其是大学生群体产生了重要影响。在当下大学生的生活习惯、思想观念及日常行为活动中，全媒体环境的印迹无处不在。因此，在全媒体环境下对大学生的思想政治教育进行改革完善，使其顺应全媒体环境的发展趋势，是满足当下社会发展对高校思想政治教育的要求的关键。人文关怀是关注与尊重人的生存与发展、要求人的个性解放和自由平等的重要概念。在全媒体环境下将人文关怀合理融入大学生思想政治教育，是当下高校思想政治教育发展改革的一条新路径。

全媒体环境的到来为大学生日常生活及学习、思想道德观念、思维行为习惯等方面产生了深刻地影响，因此结合全媒体环境的发展背景，在当代高校的思想政治教育中合理融入人文关怀，是大学生思想政治教育与人文关怀双管齐下的一项重要举措。在此基础上的教育改革，丰富了思想政治教育在高校教学的内涵和发展意义，尊重了大学生在教育过程中的主体地位，从教育的实际状况出发，突出了全媒体环境对于思想政治教育与人文关怀的时代要求，有助于推进大学生思想政治教育工作的改革发展，推进人文关怀与高校教学工作的融合。本节结合全媒体环境下人文关怀的具体状况及当下大学生思想政治教育现状，为人文关怀在全媒体环境下融入大学生思想政治教育进行了优势分析并提出具体可行的策略，希望能够为人文关怀与全媒体环境下大学生思想政治教育的融合发展提供借鉴。

一、人文关怀在全媒体环境下与大学生思政教育结合的优势分析

顺应时代发展趋势，改善大学生思想政治教育现状。随着社会的不断进步和网络科技的迅速发展，大学生的学习生活发生了很多变化，互联网通信科技为大学生的人际交流和沟通方式提供了更多新选择，然而大学生的价值观念、

思维方式等也不同程度地受到网络媒体的冲击，所以全媒体环境对大学生的生活学习来讲可谓是一把"双刃剑"。在全媒体环境下，高校应顺应社会发展趋势，使人文关怀合理融入大学生思想政治教育中，充分发挥全媒体环境对大学生思想观念及思维方式等方面的正面影响。在充分尊重学生权利和个性发展的基础上，对高校思想政治教育进行改革，有利于推进大学生思想政治教育工作的改革实践，为大学生建立正面的思想观念及多元化价值观奠定基础。

关注大学生思想政治素养等综合素质的发展。飞速发展的网络科技给人们的生活带来了巨大变化，对于当下大学生群体也有着不可忽略的重要影响。大学生作为新事物、新观念的接受主体，全媒体环境下的新兴事物如微博、微信等通信工具使大学生更加自由地发表言论、交流思想。传统的思想政治教育已经不能满足新时代对大学生的引导教育工作，因此在尊重学生个性发展和性格行为的基础上，结合人文关怀对大学生思想政治工作进行充实改进，可以对思想政治教育现状起到良好的引导作用。在全媒体环境下对大学生的思想走向进行正确引导，有利于其养成正确的价值观念，在关注自我的同时对社会和他人给予更多的关怀，促进学生综合素质的发展。

二、人文关怀在全媒体环境下与大学生思政教育融合的有效策略

开展多彩课堂，充分尊重大学生个性发展和性格习惯。在当代的高校思想政治教育实践中，虽然相比于中小学具有了一定的自由和内涵，但是传统的"老师讲、学生听"的课堂模式仍然占据主要地位。在全媒体环境发展潮流的影响下，大学生的权利意识和自由意识愈加强烈，更加倾向于言论自由、个性束缚较小的课堂模式。因此，在大学生的思想政治教育中，授课教师要根据学生的实际情况，改变原有的授课模式，充分尊重学生的个性和权利。比如，开展多彩课堂，引导学生自主交流、自主感悟，授课教师需对学生的观念看法进行及时正确的引导和点评，使学生能够主动接受学校的思想政治教育，从而引导学生健康成长。

设置思想教育约谈室，加强学生思想政治教育的针对性。全媒体环境的另一重要特点是能够在社会生活的各个方面彰显出对人无微不至的关怀，利用这一特点发展起来的通信交流平台能够在大学生群体中迅速普及，得益于其满足了大学生渴望关注和尊重个性的需要。然而每个人成长经历等方面的不同造就了不同的个性。因此，人文关怀能够在全媒体环境下与大学生思想政治教育有

效融合并发展的重要措施，就是在学生的思想政治教育中充分体现人文关怀的特点，充分了解每一个学生的实际情况和个性特点，并据此对学生进行有针对性的引导教育。比如，高校设置思想教育约谈室充分保护了学生的隐私，尊重了学生的基本权利。高校在引导教育过程中有针对性地加强人文关怀，有助于对学生的思想问题提出切实可行的解决策略，多角度为学生的身心素质发展保驾护航。

高校大学生是接受新兴事物、新兴观念的主体，他们在微博、微信等通信交流媒介上能够积极主动地表达自己的观点和对社会及他人的关注，渴望关注和言论自由的心理得到了充分满足。全媒体环境下发展起来的通信交流媒介具有即时性、方便性、公开性等特点，符合大学生群体的年龄特点和心理需求。所以全媒体环境下人文关怀与大学生思想政治教育的有机结合是必要的。在言论自由、个性不一的网络"微世界"，大学生得到自由满足的同时，难免会面对思想迷失、价值观念错乱等众多问题，如果不及时、正确地引导，就有可能会走上错误路径，不利于大学生的身心健康发展。人文关怀在全媒体环境下大学生思想政治教育中应该受到重视并不断改革发展，这是社会发展趋势的必然要求，也符合当下大学生思想教育现状的需要。

第四章　全媒体环境下高校思政教育改革研究

第一节　全媒体环境下高校思政教育接受改革

全媒体时代的到来给高校思想政治教育工作带来了机遇和挑战，传统媒体和新兴媒体的融合发展、优势互补为高校思想政治教育接受效果的进一步提升开启了新的空间。在借助全媒体开展育人工作的过程中，全媒体的融入使思政育人格局的顶层设计、接受主体的主观能动性、教育者的全媒体素养在直面挑战中得到提升，从而进一步提升思想政治教育接受效果。

伴随着信息社会不断发展，新兴媒体影响越来越大。新兴媒体和传统媒体的碰撞催生了全媒体时代的机遇和挑战。习近平总书记在中央政治局进行第十二次集体学习讲话中指出："推动媒体融合发展、建设全媒体就成为我们面临的一项紧迫课题。"新时代赋予高校思想政治教育新使命，全媒体背景下高校思想政治教育接受如何更好地提升效果，更好地服务于立德树人中心环节和培养德智体美劳全面发展的社会主义建设接班人的根本任务，是高校思想政治教育工作者面临的新考验。

一、高校思政教育进入全媒体时代

（一）全媒体的含义

全媒体是综合运用多种媒介表现形式，如运用文、图、声、光、电来全方位、立体化地展示传播内容，同时通过文字、声像、网络、通信等传播手段来传输的一种新的传播形态。

全媒体包含了传统媒体和新兴媒体，在全媒体时代，"传统媒体和新兴媒体不是取代关系，而是迭代关系；不是谁主谁次，而是此长彼长；不是谁强谁弱，而是优势互补"。全媒体之"全"既表现在它将传统媒体和新兴媒体融合在一起，吸收了传统媒体权威性强、真实性高的优点和新兴媒体传播速度快、覆盖面广的优点，也表现在它是全程媒体、全息媒体、全员媒体、全效媒体之综合，其传播的信息可谓是无处不在、无所不及、无人不用。

（二）全媒体融入高校思想政治教育的必要性

目前，我国网民超过 8 亿，其中手机网民占比超过 98%，而大学生是其中的重要组成部分，大学生利用手机获取信息、发表观点极为普遍。这些爆炸式发布的信息良莠不齐、真假混杂，其鉴别和选择对价值观尚未成型、人生阅历尚浅的大学生来说本身就有一定难度，再加上西方一些国家别有用心的文化输出，更容易造成大学生价值观的迷茫，进而影响党和国家培养社会主义建设接班人的伟大事业。因此，在全媒体时代，持续运用传统媒体的育人优势，充分发掘新媒体的育人功能，主动占领全媒体舆论高地，全面开展思想政治教育工作具有重要意义。习近平总书记在全国高校思想政治工作会议上指出："要运用新媒体新技术使工作活起来，推动思想政治工作传统优势同信息技术高度融合，增强时代感和吸引力。"就是要求思想政治教育工作者主动抓住全媒体时代的新课题，准确识变、善于应变、主动求变。

（三）全媒体融入高校思想政治教育的可行性

随着 5G、大数据、云计算、物联网、人工智能等技术不断发展，移动媒体进入了加速发展新阶段，这为全媒体助力思想政治教育接受提供了技术支撑。此外，高校思想政治教育工作者的全媒体素养也在不断提升，除了全媒体技术有较好掌握的青年教育者的加入，老一辈教育者也在年轻人的带动下，同时也在一些突发事件的倒逼下，逐步适应全媒体时代的要求，这是全媒体助力思想政治教育接受的人员基础。与此同时，全媒体融合发展受到了党中央的高度关心和支持，习近平总书记要求各级党委和政府从政策、资金、人才等方面加大支持力度，这是全媒体助力思想政治教育接受的组织保障。

二、全媒体对高校思政教育接受的影响

（一）增强思政教育吸引力

研究显示，视觉、听觉、触觉等多重感官的刺激更容易吸引人们的持续关注，从而提升接受效果。传统的思想政治教育以课堂教学为主，教师讲课，学生听

课，形式比较单一，对学生的吸引力有限，学生在课堂上睡觉、玩手机、聊天的情况时有发生，思想政治教育接受效果受到影响。随着全媒体的发展，以思政课为主的第一课堂开始引入视频、音频等多种教学载体，包括校园文化活动、社会实践等在内的第二课堂也给了全媒体广阔的发挥空间，文字、声像、网络等各显其能，发挥着育人载体功能，增强了思政课对学生的吸引力，有利于思想政治教育接受效果的提升。

（二）提升思政教育亲和力

传统的思想政治教育以教育者为主体，以受教育者为客体，权威有余而亲和力不足。习近平总书记在全国高校思想政治工作会议上指出，要"提升思想政治教育亲和力和针对性，满足学生成长发展需求和期待"。全媒体的融入为提升思想政治教育亲和力带来了新的机遇。和传统的课堂教学中学生被动接受教育内容相比，全媒体时代的思想政治教育更有点学校育人和学生自育相结合的味道。学生有更多的自主权，不仅体现在接受方式的多样化，也体现在学生可以通过刷弹幕、写留言等形式更多地参与育人过程。全媒体时代，多元的选择和较强的互动性都增加了思想政治教育的亲和力，有助于提升思想政治教育接受的效果。

（三）加深思政教育感召力

传统思想政治教育对学生的影响主要通过教师、教材和考试，形式相对单一，存在学生上完课就把教材束之高阁，直到考前再临时突击应付考试的情况。而在全媒体时代，面对相同的教育主题，可以同时运用微信公众号、视频音频软件等全媒体资源，各类平台在统筹安排下各显其能，充分发挥自身优势，协作宣传，同向同行，形成合力。学生置身全方位的"育人磁场"受到熏陶，达到"随风潜入夜，润物细无声"的效果，提升了思想政治教育的感召力。全媒体的介入可以照顾到学生接受教育渠道偏好的差异性，当他们通过任意一种渠道接触到了某个兴趣点，再通过课堂上和老师的讨论对教育内容进行强化，这样的接受将更为深刻。

全媒体的介入增强了思想政治教育的吸引力、亲和力和感召力，提升了思想政治教育接受效果，总的来说符合党和国家对新时代高校思想政治教育工作的要求和期待。当然全媒体本身还处于发展融合阶段，自身的不完善和它与高校思想政治教育融合度的不完备在一定程度上给育人工作带来了挑战。

三、全媒体时代高校思政教育接受的挑战

（一）全媒体融合管理有待进一步提升

随着全媒体的发展，各高校其实不缺全媒体平台，缺的是对数量庞杂的平台的有效管理以及传统媒体、新媒体之间的有机融合。从学校、院系，到班级、社团，都有诸如微信公众号这样的平台，很多平台并未上报登记，这就给内容审核造成了困难；此外，随着新媒体技术的发展，B 站（哔哩哔哩）、M 站（猫耳 FM）等视频、音频播放平台也越来越多地受到大学生的欢迎，平台种类的多样化进一步增加了管理难度。除了平台数量繁多不易管理之外，新旧媒体的融合不足也是一个问题。传统媒体有着成熟的信息审核机制，其传播的内容一般是符合主旋律、传播正能量的，但是存在传播渠道比较单一、传播速度较慢、对大学生吸引力欠缺的不足；与之相反，新媒体有着受众广、传播快的优势，但是由于其审核机制不够成熟，传播的内容有时缺乏准确性、权威性，甚至可能出现违背社会主义核心价值观的情况。传统媒体和新媒体融合不够紧密，就会影响思想政治教育合力的形成，给受众带来思想和行动上的困扰，进而影响思想政治教育接受的效果。

（二）接受主体的主观能动性有待进一步激发

随着思想政治教育范式的转变，教育者和受教育者之间的关系由主客体关系向双主体关系转变。而在思想政治教育接受中，更是将受教育者置于主体的位置，要求充分尊重其主观能动性。目前高校的思想政治教育工作在尊重学生主体性方面取得了很大进展，还可以借助全媒体力量进一步完善。从思想政治教育内容来说，校报、校广播台等高校传统媒体作为意识形态宣传的主要阵地，较好地起到了唱响主旋律的作用，但是其内容有时和学生的日常生活，学生真正关心的热点、痛点有一定差距，缺乏亲和力和感召力；而新媒体平台则能够较快地捕捉到学生的关切问题，但是在主旋律、正能量引导上有欠缺，在引导学生将个人理想融入国家发展方面还做得不够，无法满足学生成长成才的要求。从思想政治教育形式来说，目前主要是通过教师引导、学生干部团队执行的形式在全媒体平台开展工作，作为思想政治教育接受主体的广大学生参与的程度还是比较有限，如何更好地发挥学生干部团队的创造力、激发广大学生参与互动交流的热情，是我们需要进一步思考的命题。

（三）教师全媒体素养有待进一步增强

思想政治教育工作队伍的全媒体素养相比过去有了进步，但还有继续提升的空间。有的教师满足于会用全媒体平台了解掌握学生的思想状况，缺乏利用全媒体技术主动影响学生的精神世界、开展思想政治教育工作的意识；有的教师有这样的意识，但是缺乏实操技能，工作效率较低，影响思想政治教育效果；有的教师还没有转变传统的思想政治教育观念，觉得守好课堂教学主渠道就够了，认为全媒体介入教育不过是锦上添花、可有可无，和思想政治教育范式转型的大趋势背道而行。凡此种种都是思想政治教育工作者全媒体素养需要进一步提升的原因，教育者如果不能把握全媒体时代的机遇，迎接全媒体时代的挑战，与时俱进地创新工作方式，就不能和朝气蓬勃、与时俱进的"97后""00后"大学生建立平等互动的关系，更无法高屋建瓴地为处于"拔节孕穗期"的学生"扣好第一粒扣子"，引导他们成为担负起民族复兴大任的时代新人。

四、全媒体时代高校思政教育接受的提升路径

（一）加强全媒体顶层设计，打造互融互通的思政格局

具体有三个方面：第一，加强全媒体平台库建设。所有全媒体平台实行备案登记、成效追踪和统一管理，对发挥思想政治教育功能显著的平台予以奖励，对还在摸索阶段且有潜力的平台予以帮扶，对"僵尸平台"予以清退，对传播不实信息的平台予以警告，严重者可予以撤销。通过平台库的建设，将所有全媒体平台纳入有序管理，做到多而不杂、各美其美。第二，加强全媒体融合发展，使传统媒体和新兴媒体优势互补、互融互通，形成思想政治教育合力，让党的声音传得更开、传得更广、传得更深入。第三，建立全媒体"一把手"责任制，包保到人、守职尽责。全校层面的平台由校党委统一管理，院系及以下层面的平台由院系党委统一管理，同时充分运用好辅导员、学生骨干队伍，形成高效可靠的管理梯队。

（二）尊重接受主体主观能动性，引导学生在参与中成长成才

全媒体时代，要想思想政治教育接受效果好，必须充分尊重学生的主体性，发挥学生参与全媒体建设的主观能动性。就全媒体传播的内容而言，既要符合党和国家对青年学子的要求，又要满足学生自身成长的需要，要及时解答学生关心、困惑的问题，既解决实际问题又解决思想问题，更好地发挥强信心、暖人心、筑同心的作用。就学生参与学校全媒体思政建设的形式而言，要充分利

用学生群体对全媒体有热情、有技术、有创意的优势，打造好全媒体运营学生骨干团队；建立全媒体学习师生互助小组，教师引导学生更好地选取和理解全媒体平台上传播的思想政治教育内容，而学生可以帮助老师更好地掌握全媒体使用技能；通过问卷、评比等形式在更广泛的学生群体中搜集热点选题，增强学生的主人翁意识，营造全媒体建设人人有责的良好氛围，这有助于高校思想政治教育和学生的"自我教育"相结合，有利于提升思想政治教育接受效果。

（三）加强教师全媒体素质培养，建设新时代能打胜仗的育人队伍

具体有以下几方面：第一，加强教师理想信念教育，增强其主动用好全媒体资源开展思想政治教育工作的担当意识。毛泽东同志曾说："思想这个阵地，你不占领，别人就会占领。"习近平总书记说："准确、权威的信息不及时传播，虚假、歪曲的信息就会搞乱人心；积极、正确的思想舆论不发展壮大，消极、错误的言论观点就会肆虐泛滥。"思想政治教育工作者应该有高度的危机意识和责任意识，警惕全媒体时代不良信息对学生思想的裹挟，利用全媒体平台主动出击、勇于作为，以新时代中国特色社会主义思想武装学生头脑，占领高校思想阵地。第二，加强教师技能培训，增强其利用全媒体平台开展思想政治教育工作的能力和信心。建立市、区、校3级联动培训机制，鼓励教师修满一定课时的全媒体技能课程，边学习边实践，逐步适应信息化要求、强化互联网思维、提升全媒体实操技能。第三，建立考核制度，把教师运用全媒体开展育人工作的成效纳入考核指标体系。为了推进高校思想政治教育由传统向现代转型，鼓励教师与时俱进地使用全媒体新技术开展工作，可实行课堂教学、传统媒介与网络新媒体的全方位考核，确保多条育人渠道同向同行、形成合力。

一代人有一代人的际遇，一代人有一代人的长征路。全媒体时代，高校思想政治教育工作者的使命就是通过不断地学习和实践，全面客观地看待全媒体带给育人工作的机遇和挑战，充分掌握全媒体运营规律、利用全媒体开展教育教学的规律、学生成长成才的规律，因事而化、因时而进、因势而新，推动思想政治教育工作传统优势同新技术高度融合，努力答好时代问卷，为培养担负起民族复兴大任的时代新人而不懈努力。

21世纪以来，媒体形式不断变化和创新，出现了新旧媒体并存且快速发展的全媒体新格局。而在全媒体环境下，高校思政教育正迎来一系列新的变化、机遇和挑战，为了更好地应对全媒体环境下高校思政教育工作的新挑战，高校及教师需要对高校思政教育的理论发展与实践探索展开进一步的研究。

五、全媒体环境下高校思政教育工作的媒体建设

伴随着全媒体环境的形成与发展，媒体建设正在成为当下高校教育教学改革与思政教育深化进程的重要组成部分，在高校大学生思政教育的教学活动、管理活动和服务项目中，媒体的参与日益频繁且深入。为了更好地推动高校思政教育的媒体化发展，也为了高校思政教育工作更好地适应全媒体传播的语境，高校及教师应当加快高校思政教育全媒体矩阵的建设，掌握高校思政教育在全媒体传播语境中的权威话语权，并借助全媒体传播的手段、渠道和平台，增强高校思政教育教学的影响力。具体来说，要做好高校思政教育全媒体矩阵的建设，应当做好以下两方面的工作。

一方面，全媒体环境下的高校思政教育工作应当加快以高校为主体的思政教育传播平台的搭建，丰富高校思政教育工作开展的内容、方式、渠道和平台，扩大思政教育教学的传播范围，增强思政教育教学的传播影响力，为高校思政教育工作的系统实施和规范开展奠定良好的媒体传播基础，让高校在全媒体传播语境下掌握主动权，积极主动地发出自己的声音。面对来势汹汹的全媒体时代，以及线上和线下各类信息及观点的相互碰撞和冲击，高校、教师和学生不应该成为全媒体时代信息舆论的被动接收者，而应该以高校为主体，搭建属于高校思政教育工作本身的媒体传播平台，主动融入全媒体时代，发出高校思政教育工作自己的声音，掌握全媒体时代信息传播共享的主动权，树立高校思政教育的信息权威，为全媒体时代高校思政教育的健康长效开展打下坚实的基础。

另一方面，全媒体环境下的高校思政教育工作应当与其他媒介主体形成交流与合作，站在思政教育宣传与指导的角度，对全媒体渠道和平台中的各项信息进行整体的梳理、选择、传播和控制，让大学生在高校思政教育教学的正确引导下选择性地接受有效的媒体信息，减少全媒体传播在高校校内思政教育和文化建设中的负面影响，增强全媒体传播在高校校内思政教育和文化建设中的正面影响。

六、全媒体环境下高校思政教育的管理优化

相对于传统的高校意识形态建设环境，全媒体环境下高校思政教育工作正变得越来越错综复杂，要想推进高校思政教育工作，高校需要在思政教育工作管理机制与策略上进一步优化升级，采取多样化的管理手段，探索全媒体环境下思政教育工作开展的有效方法，切实提高高校思政教育工作开展的成效。具体有以下几方面：

第一，全媒体环境下高校思政教育工作需要明确管理的目标、任务和关键点，面对海量的全媒体网络信息和错综复杂的思政教育工作，高校思政教育应当始终坚持高校思政教育工作的核心重点，引导学生树立正确的人生观、世界观、价值观，并在积极进取的社会主义意识形态建设中，正确看待新形势下国内外的发展格局，促进学生思想认识的有效提高。

第二，全媒体环境下高校思政教育工作需要引进创新性的教学手段与模式，包括网络媒体传播的手段和设备等，革新思政教育的内容，优化思政教育的形式，让思政教育更好地融入全媒体传播语境中，增强学生对高校思政教育的接受程度和理解程度。

第三，全媒体环境下高校思政教育工作应当切实促进高校思政教育教学队伍和管理队伍的媒介能力及媒介素养的培养与提升，让高校思政教育的教职工队伍更专业规范地推进思政教育的改革创新工作，推进全媒体环境下高校思政教育工作各措施的切实落地，全面保障高校思政教育管理的优化效果。

总而言之，在全媒体环境下，要想保证高校思政教育工作的顺利展开，要想应对全媒体环境下思政教育工作的诸多障碍与挑战，高校思政教育工作者就需要准确把握思政教育宣传工作的正确方向，重新梳理和架构高校校内与校外的思想意识形态格局，借助全媒体传播渠道和平台深入学生的学习和生活，优化思政教育宣传工作的内容资源和方式方法，总结有效的思政教育经验，并协同发展思政教育一线教职工队伍的媒介素养和能力，进而全方位保证高校思政教育教学与传播水平的快速提升。

七、全媒体环境下高校思政教育的学生主体性角色

在传统的高校思政教育工作中，思政教育教学的管理者和教学者往往有着绝对的权威，学生则是被动接受的角色，学生的参与热情不高，主动性和积极性逐渐减弱，高校思政教育工作的开展未能取得预期的效果。而在全媒体环境下，高校思政教育工作正在通过全媒体的手段、渠道和平台，积极转变教育管理者和学生之间的不平等关系，突出学生在高校思政教育工作中的主体性角色。不仅如此，全媒体环境下，高校思政教育工作的开展正通过全媒体矩阵的搭建，深入渗透到学生的学习、生活和社会实践当中，全面了解学生的信息接收需求、习惯和特征，进而逐步推进思政教育工作的优化设计，切实促进高校思政教育中师生的互动与交流，增强高校思政教育工作的人性化特征和有效性结果。就全媒体传播环境下高校思政教育的学生主体性角色来说，高校及教师需要关注

以下思政教育工作的挑战及应对措施：

第一，全媒体环境下学生的主体性角色被强化，学生的需求和感受有了更多的渠道反馈到高校思政教育工作当中，对此，高校思政教育的教学者和工作者应当高度重视学生心声的听取，了解学生在思政教育教学活动中的需求和体验，切实优化高校思政教育工作的开展、管理和服务，让高校思政教育工作真正做到以学生为本，为学生服务。在传统的高校思政教育中，学生与教师的沟通渠道少，因为一些客观原因，学生不太愿意主动找老师进行倾诉，因此很容易将自身的问题与疑惑闷在心里，任其发酵，最终导致有些思政教育方面的困惑和问题得不到及时解决，衍生出不好的结果。但是在全媒体传播时代，学生和教师之间的沟通渠道变得开放、多元且具有一定的隐蔽性。具体来说，在全媒体网络的媒介传播中，学生可以采用匿名的方式与教师进行沟通，方便学生主动将自己的问题和感受真切地表达出来，让教师真正地走近学生，了解学生的真实状态，收集更真实的思政教育反馈数据，进而有针对性地调整思政教育的教学内容和方式，以学生感兴趣、对学生有指导价值的教学和工作方式对学生产生积极有效地影响。

第二，在全媒体环境下，高校思政教育工作面临着外界各项信息与思想观点的冲击，学生不再成为信息的被动接收者，相反，如果高校和教师未能在思政教育教学中给出有效的、有用的信息，学生很可能会将目光转移到校外，接受校外的信息资讯，进而弱化高校思政教育的引导作用。长期来看，这样的后果显然不利于高校思政教育工作的顺利开展。鉴于此，高校与教师应当加快构建师生的平等交互关系，以平等的互动交流方式开展思政教育教学的相关工作，提高思政教育教学内容与形式的专业性、丰富性和趣味性，主动吸引学生的关注，进而切实增强思政教育教学工作对学生的影响。

综上所述，全媒体环境下高校思政教育工作的开展需要充分了解全媒体教育环境的特征与需求，以学生为本，重视学生在全媒体思政教育中的主体性地位，有规划地推进高校思政教育在媒体平台搭建、教育教学管理和学生服务等方面的工作，切实解决高校大学生思政教育工作中的新问题，提升高校大学生思政教育工作的媒介化水平、信息化水平和现代化水平，让高校思政教育工作的效率、质量得到显著提升，真正促进学生在思政教育方面的成长与发展。

第二节　全媒体环境下高校思政教育的四个维度改革

全媒体不断发展，出现了全程媒体、全息媒体、全员媒体、全效媒体，即"四全"媒体。全媒体时代高校思想政治教育工作创新发展要以"四全"媒体为依托，深刻把握以下四个维度：第一，依托全程媒体，助力构建"大思政"教育格局；第二，依托全息媒体，充分发挥思政课主渠道作用；第三，依托全员媒体，扎实推进全员育人；第四，依托全效媒体，构建高校思想政治教育传播矩阵。全媒体时代需要将"四全"媒体融入高校思想政治教育改革与创新之中，切实提升高校思想政治教育工作的针对性和实效性。

全媒体时代，信息生产、传播方式不断变化，媒体格局发生巨大变革，全媒体发展过程中出现的"四全"媒体，即全程媒体、全息媒体、全员媒体、全效媒体，正以全新的互动性、服务性和体验性等特征融入社会生活的各个领域。全媒体作为高校思想政治教育传播的重要载体，具有鲜明的时代特征，贯穿于高校思想政治教育工作全过程，为思想政治教育的创新发展创造了重要条件。因此，高校思想政治教育工作要适应全媒体发展所带来的传播技术变革新环境，依托"四全"媒体，推进思想政治教育传统优势同信息技术高度融合，构建"大思政"教育格局，充分发挥思想政治理论课（以下简称思政课）主渠道作用和师生主体作用，构建全方位的思想政治教育传播矩阵，切实增强高校思想政治教育工作的时代感和吸引力。

一、依托全程媒体，助力构建"大思政"教育格局

所谓全程媒体，指的是一个事件从开始到结束，媒体都对其进行跟进，使事件的每一步进展都能即时向公众发布。习近平总书记在全国高校思想政治工作会议上强调，要坚持把立德树人作为中心环节，把思想政治工作贯穿教育教学全过程，要构建高校"大思政"工作机制。"大思政"的教育理念需要以全程媒体作为思想政治教育资源传播的主要技术载体，有效融合全程媒体的记录、传播功能与思想政治教育资源，发挥思政课的主渠道作用，深入挖掘校园文化等隐性思想政治教育资源，以信息化形式将思想政治教育融入教学科研、校园文化、社会实践、学生工作之中，助力高校构建"大思政"教育格局。

（一）推进高校校园媒体融合发展

全媒体时代，媒体融合是大势所趋，构建"大思政"教育格局首先要推进校园传统媒体和新兴媒体融合发展。高校校园媒体是联系师生的纽带，是高校

基层党组织做好宣传教育、舆论引导工作的主要媒介。推进高校校园媒体融合，高校党委要明确校园媒体融合的目标和要求，坚持一体化发展方向，推进校园传统媒体与新兴媒体从相加阶段迈向相融阶段。结合高校思想政治教育工作特点，运用互联网思维重新厘清校园媒体融合思路，形成科学、长效的校园媒体传播管理机制。确立"互联网＋"思维，推进校园内各种教育资源的整合利用，促进教学育人、管理育人、服务育人、科研育人、实践育人，实现全员、全过程、全方位的舆论引导，构建"大思政"模式下协同联动的舆论引导机制。坚持党管媒体的原则，坚持管建同步、管建并举，把阵地和人员都管起来。无论是传统媒体还是新兴媒体，都要坚持一个标准、一体管理，借助全程媒体，营造良好舆论氛围，优化思想政治教育舆论环境，维护高校意识形态安全。高校要整合校园媒体平台和各类思想政治教育资源，进行统一管理，具体包括以下两个方面。

第一，整合校园媒体平台。目前，高校各部门、各单位，甚至一些教师都有自己的媒体平台，如校园网、微博、公众号等，但由于力量分散，难以形成合力。因此，高校要以党委宣传部为核心，将校园网、校报、校园广播台、校园电视台、官方微博、微信等校级、院级及教师个人的媒体平台整合到一起，不仅可以发挥所有平台的教育导向作用，而且可以监督平台的有效运营，也便于学生获取信息，使学生的所有问题都能在这个平台上得到一站式解决。

第二，整合全媒体技术和思想政治教育人才资源。组织计算机和多媒体专业教师，网络信息部门、宣传部等技术人员，组成全媒体技术人才资源库；整合马克思主义学院专业教师、学生处、辅导员队伍等思想政治教育工作者，组成思想政治教育人才资源库。汇聚以上两个人才资源库的资源，利用全程媒体记录、存储和传播的优势，充分发挥其覆盖面广、针对性强、信息获取便利的特点，打破时空的限制，使学校、家庭、社会的思想政治教育力量在全程媒体平台中得到有效整合，共同打造全媒体背景下的高校思想政治教育传播中心。

（二）坚持"内容为王"的原则

依托全程媒体构建"大思政"工作格局，主要是运用全程媒体的传播功能和技术手段，将思想政治教育的内容进行有效转化，提升思想政治教育工作的趣味性和感染力。由于全程媒体传播注重受众的参与性和交互性，发布者和受众之间的角色实际上是相互转换的，他们在同一个平台相互讨论、阐述观点、发表意见，受众更希望把有限的时间放在对自己有用的信息上，他们对阅读的内容和质量都有更高的要求。因此，"内容为王"在全程媒体传播中受到越来

越多的重视，具体包括以下两方面。

第一，必须坚定正确的政治方向。高校的根本任务是立德树人，高校思想政治教育工作要贯彻党的教育方针，解决好培养什么人、怎样培养人、为谁培养人这三个问题。因此，高校思想政治教育必须始终围绕马克思主义基本原理和中国特色社会主义理论，将马克思主义的立场、观点、方法和习近平新时代中国特色社会主义思想贯穿于教育教学全过程，针对青年学生的特点，对教育的内容进行深入解读和凝练，形成容易被学生接受的知识体系、内容形式和展示风格。同时，高校思想政治教育要深入挖掘政治教育、思想教育、道德教育、心理教育等思想政治教育资源，融入中华优秀传统文化成果，深耕校园文化，形成内容丰富、形式多样的思想政治教育教学体系。依托全程媒体技术，转化思想政治教育资源内容供给形式，增加主题视频和实践课堂产出量，以寓教于乐的形式传递社会正能量，激励学生树立远大理想，勇担时代责任。

第二，思想政治工作要做到以理服人，内容上必须紧密联系大学生的思想实际。思想政治教育的对象是青年学生，他们在学习生活中的思想困惑是什么，理论期待是什么，这些问题都需要思想政治教育工作者深入思考。思想政治教育就是要解决好学生的思想问题，要解决好思想问题，就必须了解学生的思想实际，从他们关切的问题和生活中所遇到的困惑入手，对具有时代性和专业性的思想政治教育内容进行划分、整合，采用专题教学等方式开展有针对性的教育工作。同时，高校思想政治教育要加强教育引导，在教育过程中，设置议题后，如果没有深入的分析和解读，没有明确的观点引导，就可能引起学生更大的困惑。因此，在教育教学过程中，教师要与学生做深入的情感交流和互动，调动学生主动参与的积极性，让学生听得懂，听得进去。

二、依托全息媒体，充分发挥思政课主渠道作用

全息媒体包含两方面含义：一方面，当前的媒体信息已经突破传统的物理状态，所有信息的形成、传播、存储等均表现为数据流动；另一方面，全息媒体又表现为新技术的广泛应用，AR、VR、MR 等具有较强表现力的新兴技术手段在媒介产品中广泛应用，从而加速了传统媒体与新兴媒体的融合。习近平总书记强调，思政课是落实立德树人根本任务的关键课程，全面贯彻党的教育方针，就要充分发挥好思政课主渠道作用。全媒体时代高校思政课以文本语言为主的单一教育模式受到了极大挑战，随着全息媒体技术的快速发展，高校思政课教学模式的改革创新迫在眉睫。因此，高校思政课既要因势而谋，又要因

势而动，运用全息媒体技术推进教学模式改革、课程内容革新与学习方式变革，增强思政课话语体系的解释能力和转换能力，让思政课既有润物无声的效果，也有惊涛拍岸的声势，以信息技术为助手，创设学生真心喜欢、终身受益的思政课。

（一）找准全息媒体技术体验性与传统思政课堂的契合点

全息媒体为传统的思政课堂提供强大的超时空、跨终端、互动性和体验性等技术支撑，突破了传统教育方式的时空限制。比如，利用 AR、VR 开展场景式教学，让学生有身临其境的体验感。5G 技术正在走进我们的生活当中，其作为基础通信技术，将为全息媒体的发展提供更高的网速，使受制于网速限制的直播、AR、VR 等媒体形式大放异彩。全息媒体技术带来的不是单向式的传达而是交互式的传播，通过立体化、多方位、多渠道的展示，使内容更生动、形象更直观，在给学生带来强烈的视觉、听觉冲击的同时，更能激发学生的参与性和互动性，有助于思政课教师把具有明显时代特征和深刻内涵的思想政治教育内容、观点借助一些鲜活元素表达出来，赋予思政课新意与活力、情感与温度，达到促进互动、构建共识、引起共鸣的"融入式"教学效果。如北京理工大学已经建成"重走长征路""青年马克思演说""人类命运共同体"3 个虚拟仿真 VR 思政课堂。运用全息媒体能把思政课变成舞台剧。国内首部以思政课为主题的大型原创励志音乐剧《追梦·青春》在人民大会堂公演，辽宁省各高校师生通过网络媒体观看了整个剧目的直播，深受感染。《追梦·青春》以大学思政课社会实践为情节线索，以展现青春理想为主题，通过 4 个故事展现工匠精神、延安精神、塞罕坝精神、"两弹一星"精神，完成了一场有感染力又有引导作用的思想政治教育。参与创作与演出的有近千名师生，从创作、排练到演出，通过网站、视频、微博等媒体进行传播和宣传，这本身就是一堂生动的思政课。

（二）找准全息媒体技术与思政教师队伍建设的契合点

习近平总书记强调，办好思政课关键在教师，关键在发挥教师的积极性、主动性、创造性。全息媒体环境下，思政教师作为思政课的教育主体，要适应信息技术的发展变化给思政课教学模式带来的影响与挑战，并以积极的心态学习和掌握全媒体技术，主动融入学生的网络世界，了解网络文化以及学生所处的网络环境、网络舆情的特征和潜在的网络风险等，从而开展更具针对性的思想政治教育教学活动。思政教师要提升掌握和运用全息媒体技术的能力。高校既要做好顶层设计，又要抓好基层建设，组织思政教师开展全媒体和信息化专业培训，在政策上和硬件设备上给予大力支持。积极组织思政教师开展以"微课""慕课"等形式为代表的网络思政课堂教学，促进"线上""线下"融合，实现"线上"观看教学视频、扩充课堂知识，"线下"细致讲解与充分互动、研讨相结合。着力打造一批名师在线课程，拓展网络思政课教学渠道、影响力和覆盖面，推动学生从被灌输到主动学习的转变。通过移动通信和数字媒体形成以"弹幕""点赞"等为代表的新型网络话语，实现全员同步互动，让思政课堂"活起来"，有效激发学生的学习热情，拉近师生距离，达到引导学生主动学习思想政治教育知识体系、掌握马克思主义科学理论内在逻辑的目的。

三、依托全员媒体，扎实推进全员育人

所谓全员媒体，是从传播范围角度来说的，指发挥全社会力量参与，同时积极发动内部全员参与。具体说来，在当前先进的媒介技术生态环境下，每个人都有麦克风，每个人都可以是自媒体。尤其需要说明的是，用户在新闻选择中占据着越来越大的主动权，这就要求媒体既要利用众包的力量，积极动员更多的用户为媒体做贡献，同时又要发动内部员工实现全员参与传播。在全媒体时代的思想政治教育工作中，教育者和教育对象都可以自主获取大量思想政治教育资源，通过快捷分享和点评、交流，分享彼此的经验、观点，表达个人的想法，打破了传统教育模式中灌输和说理教育的弊端。这意味着高校的每一位教师和学生都可以成为思想政治教育的主体，通过微博、微信等媒介弘扬中华优秀传统文化，传递社会正能量。在全员媒体环境下，着力提高思想政治教育工作质量，扎实推进全员育人，要充分发挥专业教师、辅导员、学生干部、学生党员的主体作用。

充分发挥专业教师、辅导员等思想政治教育工作者的主体作用，需要打造一支具有全媒体素养的高校思想政治教育工作队伍。全员媒体要求教育者首先要适应全媒体的环境变化，主动接触和学习，逐步掌握全媒体平台的运用技巧和传播特点。一方面要抓专业教师队伍建设。专业教师要将专业课特点与思想政治教育内容有效融合，将习近平新时代中国特色社会主义思想和社会主义核心价值观教育融入日常教学中，强化自身在课上和课下积极开展"课程思政"的意识，提升熟练运用全媒体开展丰富多彩的思想政治教育活动的能力。另一方面要抓辅导员队伍建设。辅导员始终工作在高校思想政治教育工作的第一线，与学生接触最为密切，他们时刻关注着每一位学生的思想动态，对学生最了解也最熟悉。其工作是否到位，直接影响到学生的成长和发展。而学生的全媒体"圈

子"往往带有隐匿性，存在的问题往往容易被忽视。因此，辅导员要熟悉运用全媒体开展工作的方式方法，主动融入学生的全媒体"圈子"中，准确把握学生在网络世界的精神状态和思想动向，与学生开展平等对话，充分尊重学生，对发现的问题及时采取措施，对学生进行正确的教育引导，同时起到监督管理的作用。

充分发挥学生干部和学生党员的主体作用。高校学生干部和学生党员与普通学生共同生活、学习，了解身边学生平时的思想状况和精神状态，同时，作为各项活动的积极参与者，学生干部和学生党员也是对普通学生影响最大的群体。因此，发挥全员媒体的育人作用，离不开学生干部和学生党员这一"关键少数"，具体包括以下两方面。

第一，加强对学生干部和学生党员政治素养和价值观的培养。高校应切实提升他们的道德品质和内在涵养，使其发挥示范引领作用。学校要定期组织学生干部和学生党员开展提升党性修养、增强服务意识、树立社会主义核心价值观等学习教育以及志愿服务、社会实践等活动，使学生干部和学生党员不断提升自身的思想政治水平，培养良好的道德情操，充分发挥自身在年级、班级、社团、寝室、网络中的"朋辈教育优势"。

第二，加强对学生干部和学生党员的媒介素养教育。媒介素养教育就是培养学生对各种媒介信息的解读、批判能力以及在个人生活、学习中正确使用媒介信息的能力的过程。媒介素养是大学生认识媒体、理解媒体、运用媒体能力的体现，也是大学生形成良好的网络行为习惯的重要组成部分。大学生的媒介素养是衡量高校思想政治教育效果重要指标之一。加强学生干部和学生党员媒介素养教育应做到如下几点：一是将媒介素养教育和网络行为规范融入日常教育教学中。增强学生干部和学生党员的网络分辨能力，强化其政治意识和法律意识，使其能够正确对待网络舆情，不妄加评论，不煽风点火，真正认识到网络并非法外之地，同样要受到法律约束。二是引导学生干部和学生党员关注主流媒体。主流媒体承担着重要的宣传任务，其覆盖面广、品牌性强、影响力大。高校要以学生干部和学生党员为主体，加强对主流媒体内容的宣传和舆论引导，不断扩大主流媒体的受众范围。如通过关注"学习强国"、《人民日报》、新华社、中央电视台、《求是》杂志等代表党和国家喉舌的主流媒体，使学生干部和学生党员养成了解国内国际时事政治和党的方针政策的习惯，主动接受人物的事迹熏陶，在网络中正确发声，传递社会正能量，从而达到自我教育、自我提升的目的。

四、依托全效媒体，构建高校思政教育传播矩阵

全效媒体的内涵如下：第一，媒体实现"功能转型"，具有信息传播、社交服务、金融理财、娱乐休闲等功能，"媒体服务"的内涵与外延得到巨大扩展；第二，媒体的"传播效果"成为一个综合指数，既包含经济效益又包含社会效益，既注重用户服务又体现思想价值引领，媒体"传播效果"进入追求全面效果的新时代。全媒体时代信息传播呈现分众化发展趋势，用户画像越来越清晰，场景匹配越来越精准。受众的差异化需求也可以利用大数据进行全面掌控。全效媒体使思想政治教育的传播更趋精准化，受众群体更清晰，反馈更迅速，师生互动更频繁。同时，全效媒体利用大数据的系统分析功能，使思想政治教育评价模式更加科学化、人性化。

（一）加强思政教育平台和阵地建设

高校思想政治教育工作一贯强调阵地意识和平台建设，全效媒体不断发展为思政课教学平台建设带来了新的变革，网络和移动端的思想政治教育阵地建设也进入一个崭新时代，具体包括以下两方面。

第一，建设思政课教学新平台和立体化传播矩阵。近年来，以全媒体发展为契机，各高校积极探索思政课教学平台建设，打造出一批内容鲜活、资源丰富、形式多样的教育教学平台和特色教学模式。依托全效媒体可以有效推进各高校思想政治教育资源信息共建共享，发挥全效媒体的技术优势和高校思政课教育教学的人才优势、资源优势，建设一个具有综合性功能的思想政治理论教学平台。例如，由北京市委教育工委、市教委支持成立的北京高校思想政治理论课高精尖创新中心，通过建设马克思主义理论研究和文献支撑平台、思想政治理论课教学资源共享平台、思想政治理论课数字化教学平台、高校思想政治教育质量评估平台和大学生思想动态调查分析平台，为高校思政课教育教学提供全方位、立体化服务。通过凝聚国内外马克思主义理论学科顶尖学者，培养优秀的学生和优质的师资力量，发挥汇聚和培养马克思主义理论研究和教学人才的"集装箱"和"孵化器"的功能。

第二，在网络端和移动端共同打造具有广泛影响力的立体化思想政治教育传播矩阵。全效媒体使信息传播更加精准化，高校党建网站和思想政治教育工作平台作为高校宣传党的方针政策、高校党建动态和社会主义核心价值观的主要媒介，要以主流媒体为导向，结合高校党建和思想政治教育工作实际，与时俱进，发挥高校媒体的教育引领作用，坚持社会主义办学方向。高校要积极建

设移动端思想政治教育阵地，以"两微一端"为代表的移动媒体平台已经成为现代青年学生获取信息的主要渠道。做好大学生思想政治工作，高校要适应移动信息发展的新环境，主动占领移动思想政治教育阵地，将丰富的思想政治教育资源通过移动端媒体进行分众传播，做到精准施教。

（二）改革思政课教育评价体系

大数据的分析与挖掘功能及云计算、人工智能等技术，通过对海量信息进行收集分析，可以实现教育精准化，了解学生对思想政治教育内容和传播形式的接受程度，利用全效媒体的数据分析功能对思想政治教育的实际效果进行动态监测和客观评价，进一步优化思想政治教育评价体系和评价模式，增强思政育人的科学性，具体包括以下两方面。

第一，以全效媒体为手段，建立思想政治教育常态化评价体系。高校思想政治教育是一个常态化、系统化的教育过程，坚持常态化评价是促进思想政治教育效果提升的重要一环。因此，高校需要构建合理的评价方案和评价模型，利用大数据、智慧校园、思想政治教育平台等建设以学生个体和思想状况为因变量，以思想政治教育过程要素为自变量的评价模型，挖掘出对思想政治教育真正产生影响的、潜在的、尚未开发的相关因素指标，进一步优化现行的监测与评价指标体系，科学探寻数据背后的影响因素与作用效果。

第二，坚持以人为本的原则，优化思想政治教育评价模式。全效媒体下的思想政治教育评价方法不仅需要技术进行量化评价，还需要对思想政治教育主客体进行情感评价；既要对教育政策、教育内容、教育模式、教育环境、教育载体等进行研究，又要对主客体的行为特点进行纵向和横向比较分析。高校应建立思想政治教育主客体意见反馈体系，最大限度地将思想政治教育的内容通过全效媒体终端呈现出来，通过思想政治教育工作平台进行教育教学实时记录与统计，通过大数据进行定量分析，对标找差，优化内容输送模式。同时，思想政治教育评价模式应以人文关怀和人的因素作为评价的逻辑起点，关注和维护师生群体的切身利益、真实需求，尊重思想政治教育客体特征与个体感受，融入思想政治教育主体的情感评价，凸显"人情味"，真正达到提升思政育人效果的目的。

第三节　全媒体时代思政课翻转课堂教学改革

随着信息网络技术和新媒体技术的快速发展，高校思政课的教学模式由过去传统的教学模式逐渐发展成现在的翻转课堂教学模式。教学载体可借力多种新兴技术手段和互动平台，将之运用到高校思想政治教育中来，增强高校思想政治教育实效性和获得感。

2019年1月25日，中央政治局就全媒体时代和媒体融合发展举行第十二次集体学习，习近平总书记在主持学习时强调："全媒体不断发展，出现了全程媒体、全息媒体、全员媒体、全效媒体，信息无处不在、无所不及、无人不用，带来舆论生态、媒体格局、传播方式的深刻变化"。在全媒体时代背景下，借助新媒体技术的教学模式有着更多的优势，例如：可以借助新媒体使得书本上的内容更加形象，借助新媒体软件还可以提高教学效率等。在思政课的教学过程中，新媒体技术的应用经历了一系列的转变，最终形成了现在的翻转课堂教学模式，并在思政课堂上得到了普遍的推广。

习近平总书记在全国高校思想政治工作会议中指出："要运用新媒体新技术使工作活起来，推动思想政治工作传统优势同信息技术高度融合，增强时代感和吸引力。"全媒体的内涵随着时代的发展不断变化，现在的新媒体有着更多的种类，如微博、QQ、微信、"学习强国"、抖音、快手视频，以及一些新闻网站、社交网站等。其中，移动传媒日益成为主流传播方式，人人皆能成为传播主体。因此，思政理论课要构建以移动传播为重点、以分众传播为关键、以优质产品为核心的全媒体思政教育新体系。极大地丰富开展思想政治工作的手段，创新思政教育教学模式，实现思想政治教育路径的拓展、创新和优化。

一、翻转课堂教学模式

在传统的教学模式当中，教师主要在课堂中传授知识，并在课后布置一定量的作业，让学生对学习到的知识进行巩固和实践。而翻转课堂的教学模式则恰恰颠倒了这一过程，在课程开始之前，教师将课程内容讲解的视频上传到网络上，然后由学生在课前自行学习，记录在学习过程中遇到的问题，然后在上课过程中学生可以彼此探讨自主学习中的困惑，也可以通过老师来解决自己的疑问，这样在课堂之上教师的主要工作不再是循规蹈矩地进行知识传授，而是针对学生在学习中遇到的疑问以及学生的学习程度来进行讲解，同时教师还可以在学生理解的基础上加以深入的分析、总结和归纳。

从翻转课堂的教学模式中可以看出，教师已经不再占据课堂中的主导地位，学生逐渐成为课堂的主导者。教师不再按照课本循规蹈矩进行知识的讲解，而是在学生学习的基础之上解决学生的疑问、加深学生的理解程度，过去以传授知识为主的课堂转变成了现在以答疑解惑为主的课堂。从翻转课堂模式的实践经验来看，相比于过去的传统教学模式，翻转课堂的教学模式主要有以下 3 个优点：第一，学习时间更加自由，可以根据自己的实际需求自主地调整学习的内容和频率，充分提高学生学习时间的利用效率；第二，教师的教学内容更加具有针对性，学生可以在课堂中根据自己的疑问与教师进行讨论，从而加深对知识的理解，增强课堂中教师的教学效果；第三，在翻转课堂的教学模式下，教师可以更加简便地检测学生的学习程度，并有针对性地进行知识复习，弥补学生在学习过程中有所疏漏的地方。另外，现代全媒体背景下的翻转课堂教学模式则更加多样，教师可以将自己的教学视频上传到微信群等教学平台上来布置作业或者答疑解惑。

二、全媒体时代下的思政课翻转课堂教学模式

（一）全媒体时代下的翻转课堂教学模式的应用价值

在全媒体背景下的翻转课堂模式极大地改变了教师过去的教学理念，是现代教育理念探索创新的成果。翻转课堂的教学模式最早由美国的一名高校教师提出并实行，后来因其优秀的教学效果逐渐在教育领域内部推广开来。翻转课堂的教学模式改变了过去教学的流程，学生们在课前学习教师上传到网络的教学视频和资料，从自己的角度理解知识并提出问题，在课堂上同学之间、师生之间探讨彼此的问题，进行思维的碰撞，从而加深对知识的理解。在新媒体技术高度发达的条件下，翻转课堂的教学模式的学习环境更加良好，教师可以通过多样的新媒体平台和软件丰富自己的课前教学内容，学生可以在慕课等新媒体教学平台上直接学习教师上传的教学视频，阅读教师推荐的学习资料，还可以在平台的讨论区提出自己的疑问，和其他同学进行讨论。新媒体平台还可以借助网络实现课堂上无法实现的效果，并突破课堂上的时间限制，充分地提高教学质量。根据翻转课堂模式在高校思政课的实践效果来看，这种新型的教学模式极大地提高了学生学习的主动性，并且使得学生的学习内容不再局限于课本，更加符合现代的时政特点。这在一定程度上改变了教师和学生之间的关系，学生开始占据课堂中的主导地位，教师更多的则成为学生学习的引导者。教师不再一味地传授自己的观点，而是引导学生对知识产生自己的理解，引导学生

主动思考。这恰恰符合了高校思政课的教学要求，解决了传统教学模式的弊端。现在我国很多高校的思政课都开始采用翻转课堂的教学模式，从其应用过程来看，也的确取得了良好的教学效果。

（二）全媒体时代下的思政课翻转课堂教学模式

建立在新媒体基础上的思政课翻转课堂教学模式也更加多样起来，在思政课翻转课堂教学中借助不同的新媒体平台可以实现不同的教学效果。针对高校思政课中具体的课程要求，翻转课堂在实际应用过程中应该根据实际情况做出一些调整，使用更加合适的新媒体平台和教学方法。下面主要介绍了我国高校思政课在应用翻转课堂模式中几种不同的教学模式，它们分别基于不同的新媒体平台以及具体的思政课程。

1. 基于社交平台与校园网的思政课翻转课堂教学模式

在这种教学模式下使用的新媒体主要是社交平台和高校校园网，高校思政课的教师可以通过校园网将课前学习的教学视频和资料上传到学校内部的教学平台上。教师可以通过 QQ 群、微信群等方式建立起和学生交流沟通的渠道，并以此来提前收集学生在自主学习过程中产生的疑问，从而在备课时做好准备，以便于在课堂上给予学生更加充分的解答，提高课堂的教学效果。思政课教师还可以在学校内部的教学平台上根据最新的时政热点结合教学内容进行分析，以此来引发学生对时政热点的讨论，在这个过程中既增强了学生对于国家时政的关心，也加强了学生对于教学内容的理解。另外，微博作为在学生群体中非常受欢迎的社交平台，其传递的信息种类多样，可以有文字、图片和视频等，其时效性也非常强，经常引发人们对社会热点问题的大范围讨论，对学生的影响力也很强。因此，在基于社交平台的翻转课堂的教学模式中，一些高校教师也在逐渐尝试使用微博来和学生进行沟通并开展视频教学，还通过建立微话题来讨论时政热点。

2. 基于慕课的思政课翻转课堂教学模式

在慕课这种教学模式中，思政课教师们将慕课作为学生进行课前学习与讨论的平台。在这个平台中拥有大量国内外名校教师上传的教学视频，其包含的课程非常全面，而且几乎全部免费开放给学生学习。借助慕课这一新媒体网络学习平台来进行高校思政课的翻转课堂教学有非常大的优势，教师可以在慕课上建立自己的课程，然后上传相应的教学视频，布置课程作业和检测，还可以便捷地收集学生在学习中的疑问。学生在慕课上进行课前学习时，不仅可以学习本教师的教学课程，还可以借助慕课丰富的资源来学习其他高校的思政教学内容，综合起来加深自己对知识的理解。基于此，高校思政课教师应该更加深入的开发慕课这一平台在翻转课堂教学中的应用价值，高校也应该提倡老师制作精良的慕课教学视频，丰富慕课学习平台的资源。

3. 基于思政不同课程的思政课翻转课堂教学模式

思政课作为高校的公共基础课，包括"毛概"（毛泽东思想和中国特色社会主义理论体系概论）"史纲"（中国近现代史纲要）"马原"（马克思主义原理概论）"形势与政策"等，这些课程的学习内容和教学特点都有着不小的区别，所以在翻转课堂的实际应用过程中教师应该根据具体课程的实际特点加以调整。例如，在"毛概"课程中，需要学习的内容对于大多数学生而言都比较艰涩难懂，学生在学习过程中缺乏足够的动力，针对这种情况，翻转课堂应该使用相应的 APP 平台，这种 APP 除了能上传教师的教学视频，还应该能让教师在课堂中和学生进行互动，增强学习的趣味性。在"史纲"课程中，鉴于该课程的课时比较短，而且需要记忆大量的历史性事件，教师在进行翻转课堂教学时可以将"叙述性微课"这一概念引入到教学中，通过借助相应的视频来增强课程内容的故事性和趣味性，从而便于学生记忆。在"形势与政策"课程中，内容大部分是对现在国家政策和时事热点的分析，因此，在翻转课堂教学中教师可以使用微博这一热点汇聚的软件，借助微博的影响充分地激发学生对于时政热点的关注和讨论，促使学生主动思考和分析，从而提高教学效果。

以 APP 平台为载体，用"教师评价＋线上线下教师培训"的方式实现教师发展，用"海量的资源＋平台＋服务"的方式，全面支撑思政课教学改革，包括：精品视频案例，突出"全、精、新、活"4 大特点；时事热点跟踪；精品思政课件；思政讲座直播；图书音像和备课资源库；自建本校优质思政资源库；产学研合作，共建共享优质教学资源。最后简要介绍翻转课堂的主要流程：课前利用海量资源备课、发布调查问卷、发放资料供学生预习、发送课堂学习任务通知、设计课堂教学活动；课中通过 APP 高效签到、发送测验快速了解学情、发布抢答题、组织课堂讨论、课内资料分享；课后进行线下讨论交流、发放课后作业并批改、分享资料延伸阅读、直播互动远程答疑、调整教学方案、组织管理线下活动、数据统计反馈。通过翻转课堂教学模式，教师可以组织课堂签到、问题抢答、课堂投票、课堂测验、多屏互动、随机选人、资料共享、课堂报告、大数据分析、电子教案、教学评价等，从而让思政课动起来、活起来、火起来，成为教师喜爱、学生受用、学了管用的思政课。

4. 基于"APP+VR"平台载体的思政课翻转课堂教学模式

VR 是 Virtual Reality 的缩写，VR 可翻译为虚拟现实，是一种计算机仿真系统，可以用来创建并且体验虚拟世界。"用户可以在不同地区通过计算机和电子装置获得足够的显示感觉和交互，身临其境并可介入对现场的遥控操作。"

在思政课反转课堂教学模式中使用 VR 技术，可以将一些难以理解的历史事件变成虚拟现实的场景让学生沉浸其中，也可以将一些抽象的概念通过一些具体的虚拟故事场景解释出来，从而提高学生的理解程度。老师的课前教学视频也可以制作成 VR 的形式，给学生以身临其境的教学效果。例如：在"史纲"课上，为了让学生深刻体会红军爬雪山、过草地的艰辛不易，可以采用让学生戴 VR 眼镜进入长征情境来了解长征的艰难，白雪皑皑的草地上，陡峭的悬崖山路上，跟随红军战士的脚步，体验长征艰难路程，让书本上的文字变得鲜活起来。

在思政课教学实践中，教师可以将 VR 精品课件"辉煌七十载，共筑中国梦"给学生观看，带领学生在课堂上身临其境地感受这些年来祖国在经济、社会、教育、科技等多个领域日新月异的发展变化，让思政课呈现更多的"打开方式"，提升学生在思政课上的获得感，

总而言之，思政课教师应该将翻转课堂这一教学模式和新媒体结合起来，顺应全媒体传播时代变革，优化思政课教育资源配置，充分地实现两者的教学价值，结合不同课程的实际特点选择合适的新媒体平台来提高教学的质量。

第四节　全媒体环境下高校思政教育实效性改革

全媒体环境下，高校思政教育工作既面临挑战，也迎来机遇。对此，本节以深入剖析上海教育系统的有关做法为切入点，以着力构建"学生—学校—政府"递进式互动传播模式为出发点，通过全媒体环境下加强高校思政教育关键路径和重点策略的研究分析，努力为新时代高校思政教育提供兼具理论性和实践性的参考。

近年来，全媒体快速发展，导致国内舆论生态、媒体格局、传播方式发生深刻变化，使包括高校学生在内的广大受众在心理、需求、地位等方面发生转变，传统教育引导方式受到严峻挑战。2016 年，习近平总书记在全国高校思想政治工作会议上强调，做好高校思政工作要"因事而化、因时而进、因势而新"，要"沿用好办法，改进老办法，探索新办法"。在新时期、新形势的格局下，在新任务、新目标的背景下，全媒体时代应运而生，不容忽视。"全媒体"是

指"综合运用多种媒介表现形式，如文、图、声、光、电，来全方位、立体化展示传播内容，同时通过文字、声像、网络、通信等传播手段来传输的一种新的传播形态"。对此，我们要客观分析全媒体时代高校思想政治教育面临的难点，引导学生更加准确地通过高速发展的新兴媒介在潜移默化中实现自觉参与、自我教育、自我提高，积极探索提升高校思政教育实效性的新路径、好办法。

一、全媒体时代提升高校思政教育实效性面临的现实挑战

（一）传播渠道由"单核"到"多元"，教育引导的权威性被弱化

传统媒体时代，信息传播主要通过统一渠道的"单核"输出，自上而下抵达包括学生在内的广大受众，信息的接收者和教育的服务对象都处于"被动"接受的地位，这种"单一来源"的信息传播模式与传统教育方法模式一致，往往能取得比较好的教育传播效果。然而，面对全媒体时代自由而广泛的信息输出渠道，学生作为受众群体心理上更自信、需求上易满足、地位上更平等，以"自媒体"为代表的个体话语权不断增强，海量多元的信息内容鱼龙混杂、泥沙俱下。同时，这些片面或者错误的信息往往更具隐蔽性和诱惑性，传播主旋律、弘扬正能量的传统话语体系的权威性不断弱化，心智尚未完全成熟、甄别能力还不强的学生群体受不良信息的诱惑，思想遭到侵蚀，轻则价值观扭曲，重则走极端。

（二）内容呈现由"系统"到"碎片"，内容供给的逻辑性被淡化

传统媒体时代，信息输出的主要形式呈现系统化、集成化，有统筹、有步骤、有计划的内容输出可以在润物细无声中有效引导学生循序渐进地学会理性分析、深度思考，久而久之，更有可能形成正确、健康、积极的思维习惯和行为逻辑，达到良好的"育人"效果。全媒体时代，包括时间、空间和内容等3方面信息碎片化无差别呈现。这种状况虽然在一定程度上可以拓宽学生的知识面，但由于这些信息往往缺乏系统性和逻辑性，充斥着各类情绪化的表达，长此以往会对学生的阅读习惯造成不良影响。学生依赖于信息到达效率最高的网络，思维习惯、情感深度和历史认知趋向浅层，通过网络上大量出现的迎合他们需求的"短平快"视频、音频、图片和短文信息获得视觉快感和内心愉悦，不再追求深层思考，会逐渐造成学生注意力难以集中、思考力不断下降等一系列不良后果，并可能陷入兴趣广泛与爱好不多并存，情绪激动与情感冷漠同在，思维灵活与固执己见并行的窘境。

（三）意见表达由"实体"到"虚拟"，实践检验的规范性被虚化

传统媒体时代，包括学生在内的受众意见表达的渠道非常有限，报纸、电视等传统主流媒体发表言论的容量不大，"实名留痕"的要求也让发言者必须承担自己言论带来的后果和影响。随着全媒体时代的来临，学生在虚拟空间获得了最大程度的自由，他们可以毫无顾忌地输出自我意志和发表个人观点，不再受到来自教师、家长和社会的过多限制。同时，他们认为这种表达不需要承担任何责任，这更加激发了他们在虚拟世界中表达自我的积极性。但是，正因为缺乏必要的引导和规范，越来越多的大学生沉迷于从自媒体获得的短暂的快感和虚拟的成就感，不自觉地屏蔽了他们认为"无趣"的说教内容，忽视了作为"社会主义建设者和接班人"理应在社会建设发展中承担的责任，责任意识逐渐淡薄、规则意识逐渐丧失、自律意识逐渐削弱，甚至对主流的价值趋向产生逆反心理，成为立德树人工作入脑入耳入心的阻碍。

二、全媒体时代加强高校思政教育实效性的关键路径

面对现实挑战，近年来各地教育系统积极响应中央号召，把握机遇、主动作为，努力提升思政教育的质量与水平。在此过程中，如何在思政教育传播的创造性转化、创新性发展上充分发挥学生、学校的主体作用是重中之重。对此，我们应当着力构建"学生—学校—政府"递进式互动传播模式，以"自转"带动"公转"，以"公转"服务"自转"，切实把高校思想政治工作传统优势与互联网传播技术深入融合起来，在网上网下同心圆的协同联动下实现全媒体时代高校思想政治教育的新发展新提升。

（一）搭建学校展示平台，激发"自转"活力，丰富育人维度

注重师生参与，升华文化自信，丰富增强思想政治教育底气的维度，触动心灵深处的情感，才更容易实现教育与人的同频共振。我们要遵循网络传播转化规律，积极以做强高校自媒体平台来做活思政教育工作。比如，2019年5月，上海推出"我和我的祖国"主题快闪活动，组织上海各大高校以本校微信公众号为平台开展网络拉歌接力，以快闪视频的形式庆祝中华人民共和国成立70周年。在复旦大学与上海交通大学的"网络拉歌"活动中，复旦学子唱响《复旦校歌》《青春无悔》和《歌唱祖国》，分别献给迎来114岁生日的复旦、每一名志存高远的年轻人和伟大的祖国母亲；上海交通大学师生则选择了《我和我的祖国》和《上海交通大学校歌》，礼赞祖国，表白上海。两校知名教授、

教师代表及年轻学子在快闪视频中相继现身，伴随着经典歌曲，充分展现两校深厚底蕴和青年学子蓬勃向上的精神面貌，巩固树立文化自信，激发爱国热情。

（二）协同社会主流媒体，提升"公转"引力，拓展育人广度

如果说学生和学校的积极互动形成了第一层"自转与公转"的良好传播效果，那么尝试与具备强权威、高速度、广覆盖的社会主流媒体合作，就是高校间协同参与共同围绕思政教育"大中心""公转"的有力尝试。比如，2018年9月，上海市教卫工作党委协同上海人民广播电台与上海30所高校合作，推出系列短音频《一句·上海高校校训的故事》，以校训为入口，挖掘凝练各高校校训背后的来历掌故、建校故事、知名校友事迹等，既充满历史厚重感，又生动活泼，具有很强的可听性。这个系列短音频在上海交通大学篇中说道："在云南大理，年过花甲的孔海南教授，用13年坚守洗净了洱海256平方公里湖水；在大洋深处，凝聚着上海交大智慧的无人探测器，不断突破极限，探寻未知的海底世界。"短短几句话，便勾勒出一代代上海交大人践行"饮水思源爱国荣校"校训的生动形象，引导大学生对正能量的感悟和追求。

（三）联动线下现场活动，凝聚"品牌"合力，探索育人深度

整合一切可以整合的资源和力量进行聚焦育人，这是全媒体时代加强高校思想政治教育的新动力，也是切实实现"开门办思政"的有效途径。比如，近年来上海以校际联动、区校联动、校社联动、校企联动等"四个联动"为抓手，实施"百千万工程"，着力形成上海思政育人的品牌亮点。为庆祝中华人民共和国成立70周年，上海推出了"给'00后'讲讲共和国"演讲展示活动，广泛开展大学生思政教育。该活动以"我和我的祖国"为主题，邀请高校领导、知名教授、杰出校友、优秀学生等，结合自身专业特长、教育教学经历、学习生活阅历，通过主题演讲、沙龙讲座、党团活动等方式，将共和国历史和成就与高校思政教育相结合，让学生懂中国、爱中国。同时，为进一步做精内容、做大影响，上海市教卫工作党委、市教委还于2019年9月举办了"我和我的祖国——上海市教育系统庆祝中华人民共和国成立70周年主题活动《给'00后'讲讲共和国》特别节目"。特别节目邀请了中共一大会址纪念馆副馆长徐明、上海对外经贸大学教授刘光溪、著名小提琴演奏家俞丽拿、国产大飞机C919首飞机长蔡俊以及东华大学党委常委、副校长陈南梁等嘉宾现场演讲。面对来自上海交通大学、东华大学、上海音乐学院等院校的1 000多名学生代表，嘉宾们结合自身奋斗历程，回顾中华人民共和国成立70周年来的辉煌成就，帮助学生正确认识肩负的时代责任和历史使命。

三、全媒体时代加强高校思政教育实效性的重点策略

全媒体时代高校思政教育要不断深入，不断提高工作质量，尊重学生的主体地位，在搭建协同平台、加强传播转化、培育特色品牌上下功夫，形成全员、全过程、全方位育人格局，切实提高工作亲和力和针对性，引导学生在参与教育教学工作中接受正能量，获得思想意识的升华。

（一）着力激发学生能量，提升思政教育参与性和获得感

能否调动学生的积极性，是思想政治教育取得成效的关键环节，通过内容视角、情感共鸣等多种方式把这种能量真正激发出来，才能取得事半功倍的效果。一方面，在内容视角上既要在宏观层面树立和坚持正确的历史观、民族观、国家观、文化观，又要在微观层面遵循学生成长和发展的规律，满足学生的需求和期待。如《一句·上海高校校训的故事》中校训虽然只有几个字，却承载着一所高校几代人的共同记忆，蕴含着深厚的精神内涵，选题角度符合在校师生乃至毕业校友的内心精神诉求。另一方面，在情感表达上要"从群众中来，到群众中去"，充分发挥学生的主观能动性，让学生从旁观者变成参与者、推动者、传播者。如在"我和我的祖国"主题快闪活动中，各高校学生展现了极强的自主性和积极性，或是积极参与拍摄，或是参与后期制作，或是自发浏览、转发，学生纷纷表示，"自己的内容、自己的平台、自己的创意，第一次发现我确实可以为祖国做点事儿，真切地感受到什么是我和我的祖国"。只有内容与精神同频共振，传统广播与新兴媒体相得益彰，才能极大丰富高校思政教育的内容和形式，提升传播效果，有力促进在全社会形成良好的育人氛围。

（二）大力创新传播形式，提升思政教育针对性和亲和力

思政教育要赢得学生认可、取得良好效果，形式与方法的适用性、创造性同样需要高度重视。第一，要在传播广度上下功夫，广泛应用多种平台全方位推广内容，扩大覆盖面和影响力，有效抵御不良信息。如《一句·上海高校校训的故事》除在广播高峰时段播出外，还在新媒体平台阿基米德 APP 上线，"上海教育"官方微信同步转载；《给'00后'讲讲共和国》特别节目通过"看看新闻 Knews""话匣子 FM""阿基米德 FM""腾讯·大申网""腾讯教育平台"等新媒体进行了同步直播，总浏览量近百万，形成思政立体化教育格局。第二，要在传播深度上下功夫，专注应用有效平台精准化推广内容，提高内容与形式的契合度，推进落细落小落实。如自媒体传播与"快闪拉歌"这一表现形式属性契合，贴近当代年轻受众信息接收习惯。复旦大学传媒与舆情调查中心公布

的数据显示，上海高校官方微信十大高阅读量文章中，"我和我的祖国"主题快闪系列占据了 4 席，可见这一传播形式为学生所喜闻乐见，有效拉近了学生与思政教育之间的距离，达到了"润物细无声"的思政教育效果。

（三）不断丰富成果转化，提升思政教育生动性和影响力

兴趣是最好的老师，也是思想政治教育的重要关注点，学生在哪里，我们的工作就要做到哪里，就要把引导放在哪里，就要把教育放在哪里，而教育要抵达学生内心，更要创新表现形式，符合学生的接受需求。在全媒体时代背景下，思政教育更要做精线下，做活线上。此外，除了成果形式"单边"转化，还要进一步探索成果内容"多边"转化，延续品牌效应，形成育人"啮合齿轮"。我国将于 2020 年全面建成小康社会，届时上海将推出"给'00 后'讲讲小康社会"系列活动，在各学校开展各具特色的主题思政教育活动，打造"给'00 后'讲讲 +"经典思政教育品牌。

综上，全媒体时代提升高校思想政治教育实效性并非一日之功，更不能千篇一律，要着眼于通俗易懂、表现力强、覆盖广泛等方面，要因时因势形成思政育人资源"中央厨房"，更要因校因人不断提高思政育人科学化、规范化、制度化水平，才能有效发挥"公转"与"自转"相契合的齿轮效应，汇聚正能量、振奋精气神。

第五节　传统文化在高校思政教育中的价值及实现

中国传统文化源远流长，博大精深，它承载着中华民族的血液，也是我们所有中华儿女得以凝聚的精神纽带。中国传统文化在历史文明进程中从未有过中断，经过了数千年来的扬弃和积淀，它根深蒂固地植入在中华儿女的思想和行为中，在潜移默化中影响着我们的经济、政治和生活。中国传统文化作为思想政治教育的重要资源，蕴含着丰富的哲学思想和人文精神，但是在如今的高校思想政治教育中却颇有缺失，没有充分发挥传统文化在思想政治教育中的重要作用。本节就目前高校思想政治教育所面临的问题以及中国传统文化在思想政治教育中的价值，做简要探析。

一、传统文化的概念及特征

传统文化的概念。传统文化由"传统"和"文化"两个词语组成，其中传统主要指对前人社会经验的传承和统一，是具有自身特点的社会历史经验的总

结，例如一些社会风俗、思想观念、民间艺术等。而文化一词则是 19 世纪从西方引进，《辞海》中对"文化"的界定为："从广义上来说，指人类社会历史实践过程中所创造的物质财富的总和。从狭义来说，指社会的意识形态，以及与之相适应的制度和组织机构。"历史上出现过数以万计的文化流派，它们之间不断地交流、整合，不断地发展、流传。综上，在历史发展过程中形成的并保留在现实生活中的、具有相对稳定性的文化即为传统文化。传统文化经过历史的积淀、传承，具有中华民族特色并且可以展现中华民族风貌。

（一）传统文化的特征：包容性和多样性

多元性和混合性的民族特征为中国传统文化的包容性和多样性奠定了基础，同时多元的文化也为传统文化的包容性提供了前提条件。举例来说，在秦汉时期，秦始皇完成了大一统，在统一六国之后，实施了一系列改革措施，例如，统一文字、统一货币等。从汉武帝开始，国家大力提倡儒家文化，鼓励对外交流学习，丰富完善自身文化。中国传统文化的包容性不仅仅体现在本民族内各种文化的相互交融、不断同化，更体现在对外来文化的吸收借鉴，这也是中华文明生生不息、源远流长的根本原因。

（二）传统文化的传承性和创新性

中国的传统文化是一脉相承的，人类文明史上的四大古代文明只有中华文明从未中断，一直延续至今。文化在不断继承发展的过程中，并不是一成不变的，而是与时俱进、不断创新的，是顺应不同历史时代发展的。传统文化在发展过程中，也曾遇见过多次挑战，在漫长又曲折的发展中，不断地注入新鲜血液，确保了中国传统文化的不断完善和成熟。

（三）传统文化的生命力和凝聚力

正是因为中国传统文化的包容性、传承性、创新性等特征，才能使其一直具有顽强的生命力，在人类文明中一直延续不衰。中国传统文化具有十分强大的凝聚力，这种凝聚力的主要表现形式是以爱国主义为核心的民族精神。在爱国主义精神引领下，中华民族不畏艰难险阻，自强不息。自古流传下来众多的伟大爱国事迹，它们无一不时刻激励着我们顽强拼搏，勇往直前。

除了上述特征之外，传统文化还有民族性、开放性等特征，在此不做具体讨论。面对传统文化，我们要做到取其精华，去其糟粕，批判继承，推陈出新。在社会主义文明下，我们要对优秀的传统文化做到古为今用，认真学习其中丰富的内涵，为当下高校的思想政治教育提供优质教育资源。

二、传统文化在高校思政教育中的价值

（一）传统文化融入思政教育中的必要性

高校思政课开设的最终目标是培养具有优秀道德品质、树立正确的人生观、价值观、世界观的大学生，而就目前情况来看，教育目标与现实情况仍有一定距离。在当代大学生群体中，存在盲目从众、肆意攀比、社会责任感薄弱等不良现象，如此种种必然会影响大学生的全面发展。优秀的传统文化是我们中华民族整体智慧的结晶，是中华传统美德的集中体现，每个中华儿女都在这样的文化背景下成长，大学生更应当继续传承和发扬传统文化。因此，我们必须将优秀的传统文化转化为高校思想政治教育的重要资源。

（二）传统文化与思政教育结合的可能性

中国的传统文化是从古至今延续下来的，在不同的历史发展阶段都起着重要作用，在面临各种外来文化冲击、信息快速传播的当下，思想还未完全成熟的大学生群体很容易受到影响。文化虽然是被人们所创造的，但同时也对人们的自身发展起着反作用。中国传统文化中蕴含着丰富的教育资源和教育功能，与高校的思想政治教育目标接近、内容互补、方法相似，使两者的结合具有可能性。

1. 教育目标接近

在中国传统文化中我们注重厚重的爱国主义精神、高尚的思想道德修养以及强烈的社会责任意识等，如范仲淹的"先天下之忧而忧，后天下之乐而乐"；顾炎武的"天下兴亡，匹夫有责"；《周易》中的"天行健，君子以自强不息"；《论语》中的"言必信，行必果"等。在当代大学生思想教育中，我们注重大学生的思想品德，培养大学生树立正确的三观，明确大学生的发展方向，这些与传统文化教育目标是一致的。

2. 教育内容互补

中国传统文化中的道德修养和爱国情怀为大学生思想政治教育奠定基础，并以马克思主义为指导，用思想观念、政治观点、道德规范对大学生进行思想引导。传统文化之所以经久不衰就是因为其在传承过程中也在不断吸收新鲜血液，顺应时代发展。因此传统文化和思想政治教育内容互补，相互借鉴。

3. 教育方法相似

无论是传统文化教育还是大学生思想政治教育，理论灌输和榜样教育都是

必不可少的。如孔子提出："其身正，不令而行；其身不正，虽令不行"，随着社会的进步发展，可能会有更多的教育方法出现，但是理论教育和利用先进人物事迹进行的榜样教育都不会被历史淘汰。

（三）传统文化在高校思政教育中的价值

1.传统文化为高校思想政治教育提供教育资源

优秀的传统文化可以开拓教育者的视野，扩大高校思想政治教育内容。首先，爱国主义精神是民族精神的核心，是中华民族克服外患、实现统一、不断发展的精神支柱。在中国历史发展长河中，多少英雄志士为国家赴汤蹈火、牺牲自己，多少英雄为国捐躯！习近平同志曾说过："爱国主义始终是把中华民族坚强团结在一起的精神力量，改革创新始终是鞭策我们在改革开放中与时俱进的精神力量"，因此，爱国主义是传统文化的核心，也必定是高校思想政治教育的核心。其次，中华民族历经磨难，最终昂首站在世界前列，其中自强不息的伟大精神是我们积极进取的不竭动力。最后，和谐思想告诉我们，既要坚持自己的原则也要听取不同的声音，尊重差异，做到求同存异。此外，克己修身、诚实守信、天人合一等都为思想政治教育提供了丰富资源。

2.传统文化为高校思想教育提供有效的教育方法

对大学生之所以要进行思想政治教育，其根本目的在于将符合社会发展的思想观念、道德观点和道德规范教授给学生，并且使其内化为学生自身的品质，自觉地转化为行为。在传统文化中，"吾日三省吾身"的内省方法告诉我们要时刻反省自身，不断促进自己的进步。"有教无类"的教学方法告诉我们对待所有的学生都要一视同仁，每个学生都有学习知识的权利，而针对不同的学生，也要做到"因材施教"，针对不同教育对象，要制定不同教育方案。在传统文化中，"知行合一"是判别一个人好坏的标准，并不是知道了什么是道德，就可以成为一个品德高尚的人，重要的还在于"行"，因此在思想政治教育中，我们不仅要"听其言"，更要"观其行"。

3.传统文化引导大学生树立正确的世界观、人生观和价值观

大学生尚在发展阶段，其科学文化素养和思想道德修养都处于不断完善过程中。如今的信息化时代使大学生面临着多元文化的冲击，更有可能受到一些不利于培养大学生正确三观的腐朽文化的侵蚀。但是，优秀的传统文化可以为大学生提供丰富的道德榜样经典，培养大学生的民族精神。底蕴深厚的传统文化也可以为大学生创造浓郁的文化氛围，潜移默化的塑造大学生的精神风貌，

引导大学生树立正确的世界观、人生观和价值观。

三、传统文化在高校思政教育中的问题及原因

（一）传统文化在高校思政教育中的问题

1. 传统文化在高校思政教育中教育机制过于单一

目前，高校的思政课程主要包括《思想道德修养与法律基础》《中国近现代史纲要》《马克思主义基本原理概论》《毛泽东思想与中国特色社会主义理论体系概论》和《形式与政策》，这些公共课程政治性强，教育意义明显，但其中涉及传统文化的课程少之又少，仅有一些高校开设相关选修课程。在教学方式上，大部分都是理论灌输，教育者与受教育者界限清晰，单向灌输很难将传统教育深入人心。

2. 大学生对传统文化认知程度不高

现在每年都有数以百万计的大学生毕业，大学生面临着严峻的就业形势和生活压力。在当今的教育中，大家普遍重视科学文化素质的提升，将知识技能放在思想道德之前。音乐、戏曲、习俗、节日等都是优秀传统文化传承的载体，而就传统节日来看，在大学生群体中，西方节日如圣诞节、情人节的火热程度都超过一些传统节日。此类现象也值得我们重视和思考。

3. 大学生传统美德有所缺乏

传统美德是传统文化的精髓，尊老爱幼、诚实守信、乐于助人、勤俭节约等都是中华民族的精神财富。但是，如今一些大学生公共场所不注意个人行为举止，同学之间互相攀比。种种行为都反映出部分大学生不注重自身传统美德的培养和学习，导致价值观念偏离正轨。

（二）传统文化在高校思政教育中问题的原因

1. 高校对传统文化的忽视和思政教育课程模式的弊端

在我国现行的教育体制之下存在一些矛盾，高校和学生都过于追求就业和专业技能的提升，少数人甚至认为传统文化的传承与发展与自身关系不大。在目前思想政治教育中，教学课程简单并且不受学生重视，其中传统文化内容少之又少，这都影响着传统文化在思想政治教育中作用的发挥。

2. 社会转型期及多元文化的冲击

改革开放后，我们的整体社会风貌都发生了巨大变化，无论是衣食住行还

是思想文化，无一不受到外来文化影响。我国正处在社会转型时期，经济发展迅速，多元文化并存，而大学生的思想尚未发展成熟，很容易受到外界影响。另外，现在是信息化时代，网络的渗透更是时刻影响着大学生的思维方向，如此种种均对大学生的思想发展有不同程度影响。

四、传统文化在高校思政教育中的应用途径

（一）改变现状，加强高校对传统文化的重视程度。

调整课程体系，强化思想政治与传统文化课程的重要性。在高校课程体系中，思政课属于公共课程，在高校的教育工作中往往处于边缘化位置，被其他教育工作者和学生所忽视，更不用说传统文化课程。因此，高校要加强对传统文化的重视程度，调整课程体系，将传统文化融入思政课程教育中，并纳入必修课程中，编订针对性教材，将中国传统文化合理地融入教育教学当中。

（二）增强高校学生对传统文化的认知程度。

学生作为受教育者，是知识传播的客体，因此加强学生对传统文化的认知，增强传统文化在大学生中的地位和影响力异常关键。大学生作为未来社会建设的接班人，理应加强自身道德素养，继承传统文化中有利于自身发展部分，培养责任感和使命感，认真学习知识和技能，从而为建设更美好的国家贡献力量。

（三）加强高校师资力量建设，组建高素质、专业化师资队伍

教师是传道授业主体，在课程教学上占主导地位，因而教师的素质水平非常重要。一方面教师要有师德，有正确的教育观、质量观和人才观，在工作中勇于探索创新，尊重学生人格，不断提高自身思想政治素质和业务素质，严格要求自己，以身作则；另一方面，教师需要有过硬的专业知识，有深厚的传统文化素养，并且能够对中华传统文化进行科学专业的解读，将专业知识融入日常教育教学当中，真正将传统文化带入课堂，带入学生心中。

（四）创新高校思政教育模式，拓宽传统文化应用渠道。

1. 大学生课堂教育与自我教育相结合

学习是个双向互动过程，对于传统文化的学习，大学生不仅要通过课堂学习，还要加强自我学习的积极性，将自我教育与课堂教育结合起来。大学生可以通过阅读与传统文化相关的书籍，观看相关电影等方式进行学习，并且将观看后的想法记录下来，与其他同学交流。因此，传统文化教育工作者要制定激

励措施，调动大学生自我教育的积极性，提高大学生自我教育自我成长的热情和信心。

2. 打造特色传统文化课程

央视科教频道一档《百家讲坛》节目红遍大江南北，节目中邀请很多传统文化教育工作者给观众带来传统文化"大餐"。这对打造高校传统文化课程很有借鉴意义。高校应多开设类似的讲授中国传统文化的课程，鼓励学生积极参与；多举办一些文化讲座、论坛，并且逐渐使其制度化、规范化；同时我们需要增加传统文化课程在总课程中的比重，培养受教育者的文化内涵。教育者要紧随时代发展步伐，将传统文化融入实践中去，使课程生动新鲜，具有借鉴意义。

3. 丰富教育方法，积极开展实践活动

在教育方式上，我们可以博采众长，创新手段，努力寻找新颖的教育方法。除了日常的课程灌输，我们可以采用榜样激励法，在学生中进行传统文化知识竞赛、传统人物故事系列主题演讲等方式，对于在活动中表现优异的学生给予奖励、颁发奖状。另外，高校可以组织课外实践活动，例如参观当地历史文化古迹、纪念馆、博物馆等，通过亲身体验，增强对传统文化的认同感，提升民族自尊心和自信心。只有将课堂知识融入实践活动中，才能获得更加深刻的理解。

4. 充分利用多种方式，加强思想引导。

探索网络平台，开展网络教育。网络时代飞速发展，人们的生产生活等各项活动早已离不开互联网，网络可以更加快捷全面地带来各种信息。如今的大学生是伴随着互联网成长的一代，更加容易接受新事物，因此我们要抓住"互联网+"这个契机，利用互联网这个平台，打造传统文化传播的新途径，发挥网络作用。创办相关网站，将理论变为视频、音频这些更容易被大家接受的方式。当然，教育工作者要熟练掌握网络技术，及时指导，避免负面信息对学生造成不良影响。

5. 借助新媒体，提高传统文化影响力

如今，广播、报纸、电视早已满足不了人们获取新鲜事物的要求了，微博、微信等新媒体在大众传媒中地位日益举足轻重。如今几乎人人都有微信，关注各种微信公众号，这为传统文化在高校中的传播提供了契机。高校可以成立传统文化相关公众号，搜集名人典故、传统文化常识、历史典故等，使大学生能

更加方便快捷地接受文化熏陶，培养文化内涵，增强对传统文化的认同感和自豪感。

　　中华传统文化是数千年来经过历史洗礼和积淀的优秀文化，也是无数位学者的智慧结晶，虽然如今社会已经发生了翻天覆地的变化，思想也得到了空前解放，但是传统文化对于我们的影响仍无处不在。我们应该在继承中对其不断发展、创新，使中国传统文化得到更好地传承。

第五章 全媒体环境下高校思政教育创新研究

第一节 全媒体环境下文化自信与高校思政教育创新研究

文化自信蕴含正确的价值引领和丰富的内容，利用全媒体传播平台及其优势，将文化自信融入高校思想政治教育之中，对于筑牢高校意识形态阵地、提升大学生的文化自信和增强高校思想政治教育的实效性有重要作用。全媒体环境下高校思想政治教育必须使文化自信融入高校思政课程教学、校园环境建设、主体自觉意识、网络平台构建之中，从而为培养富有"四个自信"的大学生打好基础。

文化自信受到党和国家的高度关注，在党的十九大报告中，习近平总书记指出："中国特色社会主义文化，源于中华民族五千年文明历史所孕育的中华优秀传统文化，熔铸于党领导人民在革命、建设、改革中创造的革命文化和社会主义先进文化，根植于中国特色社会主义伟大实践。"中华文化源远流长、博大精深，为我们坚定文化自信提供了充足的底气，同时文化自信蕴含的丰富内容能够为高校思想政治工作提供丰富的资源。在当前全媒体传播格局之下，在充分把握文化自信内核的基础之上，实现两者的有机融合，能够进一步提升高校思想政治工作的实效性。

一、全媒体时代文化自信与高校思政教育融合的意义

利用全媒体传播格局与平台，将文化自信有机融入高校思想政治教育中，借助高校思想政治教育载体，深入挖掘文化自信的深刻内涵，实现两者的良性

互动，对于筑牢高校意识形态阵地、提升大学生的文化自信和增强高校思想政治教育的实效性具有重要意义。

（一）有利于筑牢高校意识形态阵地

习近平总书记指出："全媒体不断发展，出现了全程媒体、全员媒体、全息媒体、全效媒体，信息无处不在、无所不及、无人不用，导致舆论生态、媒体格局、传播方式发生深刻变化。"全媒体的发展使信息生产发布的时效性、传播的速度与范围、内容的表现形式及丰富程度、参与人员的数量都有了质的飞跃，这为文化自信与思想政治教育的传播与发展带来了巨大的机遇，可以利用新技术与新平台，开创出具有时代特色、大学生喜闻乐见的传播形式，从而丰富传播内容、创新传播形式，牢牢把握高校意识形态话语权。当然，不可否认的是，全媒体时代也带来了一些挑战，舆论传播的真实性和网络的安全问题，容易对大学生的思想观念造成错误的引导，因此，唯有提升大学生思想政治教育的质量，使学生树立起坚定的文化自信，才能更加坚定大学生对我国社会主义意识形态的自信，从而营造良好的高校网络空间环境，筑牢高校主流意识形态阵地。

（二）有利于提升大学生的文化自信

习近平总书记在党的十九大报告中强调，"文化是一个国家、一个民族的灵魂。文化兴国运兴，文化强民族强。没有高度的文化自信，没有文化的繁荣兴盛，就没有中华民族伟大复兴"，"坚定文化自信，是事关国运兴衰、事关文化安全、事关民族精神独立性的大问题"。习近平总书记多次强调文化自信的重要性，借助高校思想政治教育这一重要载体，让更多的大学生了解和学习中华文化，在潜移默化中接受优秀文化的熏陶，对大学生的思想观念与意志品质产生深远持久的影响，使其树立起高度的文化自觉与文化自信，从而实现高校思想政治教育"以文化人"的作用，促进中华文化的传播，提升大学生的文化自信。

（三）有利于增强高校思政教育的实效性

习近平总书记指出："文化自信，是更基础、更广泛、更深厚的自信，是更基本、更深沉、更持久的力量。"文化自信蕴含着丰富的内容，彰显着中华文化的源远流长与博大精深，同时也体现出中国共产党人为建设中国特色社会主义贡献的智慧。将这些文化所蕴含的思想观念、人文精神、道德规范与意志品质等内容融入高校思想政治教育中，能够为高校思想政治教育注入源源不断的"活水"，为其提供丰富且优质的资源、正确的价值引领，增强高校思想政治教育的感染力与亲和力，提升学生的学习兴趣与认同感，丰富育人内容、优化育人环境、拓宽育人平台，从而切实提升高校思想政治教育的实效性。

二、全媒体时代文化自信与高校思政教育融合的现状

本书通过问卷平台对全国 200 名在校大学生随机发放线上问卷，从大学生文化自信的程度、所接受过和感兴趣的思政课教学方式、对思政课教师的要求、所在学校的思想政治教育方式等方面，了解文化自信与高校思想政治教育融合的现状，共收回有效问卷 153 份。我们通过深入分析调查数据，为提出可行性路径提供参考。

（一）高校思政教育坚持了文化自信的根本方向

习近平总书记指出："我们要坚持道路自信、理论自信、制度自信，最根本的还有一个文化自信。"这就要求我们对中国选择的道路、中国特色社会主义具有高度自信。高校思想政治教育始终坚持马克思主义的立场、观点和方法，将思想观念、政治观点和道德规范传递给社会成员，将意识形态教育摆在突出的位置。在政治方向上，高校思想政治教育与文化自信达到了高度契合。

（二）高校思政教育涵盖了文化自信的重要内容

高校思想政治理论课是进行思想政治教育最直接的途径。在思想政治理论课与高校思想政治教育融合的现状方面，76% 的大学生认为所学的思政课融入了文化自信的内容，主要表现在教材编写、课程内容设置等方面；在校园文化建设中，高校有意识地将名人名言、经典诗句、英雄事迹、社会主义核心价值观等内容以宣传栏等形式呈现，营造了良好的校园文化氛围；各高校利用学校的学生组织和社团，以各项文体活动、红色活动为载体，有意识地加深大学生对于中华文化的了解以提高其兴趣；各高校都开设了官方网站、微信、微博等平台，现在很多高校又利用起新兴媒体如抖音、快手等，拉近了与学生之间的距离，提高了学生对学校官方账号的关注度，极大地提升了官方信息的影响力，拓宽了思想政治教育的路径，并且取得了一定的成效。

（三）高校思政教育主体的文化自觉意识有所缺乏

高校思想政治教育主体的文化自觉意识缺乏主要表现在大学生的文化自觉意识淡薄、辨别信息的能力不强和教师的文化涵养有待增强等方面。新时代对教师群体提出了更高的要求，在高校教师应该具备哪些标准的调查中，在学

术水平、人格魅力、教学能力、责任感等方面对高校教师提出要求的大学生占75%以上，还有少数大学生认为高校教师应具有时代感和发展观。每一位教师不仅要完成授课和科研工作，更应该成为中华文化和中国特色社会主义的信仰者、传播者和实践者，只有通过教师的言传身教、以身作则，中华文化的精髓才能深深扎根于学生的头脑中。然而，当前高校教师群体中存在对中华文化的内容掌握不全面、理解不透彻的现象；部分高校教师专注于其专业方向的研究，学习中华文化的时间较少，而且将其片面地归结为思政课等专业课教师的职责，没有树立正确的文化意识；缺乏对中华文化的理解与掌握，无法将其有效融入课堂教学中。同时，在大学生文化自信现状方面，只有21%的大学生能够深刻理解文化自信的内涵，绝大多数大学生对其认识较为模糊；对于中国特色社会主义先进文化中的社会主义核心价值观念，33%的大学生并没有意识到其中的自由、平等、公正观念与西方价值理念的区别；80%的大学生意识到文化对于国家、民族的发展具有重要的推动作用，并且对中华文化未来的发展充满信心。综上所述，绝大多数大学生能够意识到中华文化的价值并具有一定的文化自信，但是对于文化自信的内涵理解并不透彻，理论层面的学习需进一步加深。而且对于学校另行举办的文化教育活动，大学生的自觉参与度较低，未能树立起自觉接受优秀文化熏陶的意识。在全媒体的传播格局之下，信息传播具有快、多、广的特点，给历史虚无主义、西方普世价值观的渗透带来了可乘之机，还有网络空间的虚拟性和广泛性也给了不良风气传播的机会，这对主流意识形态造成了一定的冲击。因此，大学生辨别信息的能力必须进一步提升，才能在纷繁复杂的信息潮流中保持清醒的头脑，坚持正确的选择。

（四）高校思政教育载体的建设与利用不够充分

在文化自信的传播过程中，高校思想政治教育存在着载体建设与利用不够充分的现象。其中，思想政治教育的活动载体是指通过举办一系列有意义的活动，将思想政治教育的内容寓于活动中，使大学生在活动中受到教育。当前，高校已经开创了丰富多样的文化活动，但是在参与人员的安排上，仍存在着强制参与的现象，引起大学生的反感，从而对中华文化植根于学生头脑产生一定的副作用；高校在活动的举办形式上，拘泥于宣传教育、宣讲会、座谈会、知识竞赛等老套形式，不够新颖，不能完全调动学生参与的积极性。高校思想政治教育的文化载体集中体现于高校校园文化之中，当前文化建设的过度市场化倾向消解了文化深层内涵，这种错误的过度倾向可能会使高校校园文化建设流于表面"形象"工作，对深层的文化内涵挖掘不到位。高校校园文化建设流于形式、缺乏特色和生动性现象还存在，学生参与积极性有待进一步提高。在思政课的教学方式方面，60% 以上的大学生接受的是课堂讲授、讨论学习等方式；30% 的大学生接受过利用网络平台的思政课授课方式；50% 的大学生在思政课中进行过课外实践，但形式单一，以调查报告形式居多。总体而言，思政课的教学方式主要集中于课堂、教师讲授层面，实践层面的教学形式较为单一，网络平台的使用未得到普及。

三、全媒体时代文化自信融入高校思政教育的可行性路径

针对当前文化自信与高校思想政治教育融合的现状，各高校应明确自身职责，实现学校、教师、学生联动，形成一股合力，共同为课程育人、环境育人、自我教育、网络育人等路径的建构发力，探索出将文化自信融入高校思想政治教育的有针对性的可行性路径。

（一）将文化自信融入高校思政理论课教学，优化课程育人路径

高校思想政治理论课是承载文化自信内容的重要载体，将文化自信内核全方位融入其教材编写、教学过程、教学方法之中，有助于提高高校思想政治理论课的教学质量。

1. 深化教学研究，优化教材编排

教材作为师生上课的重要参考，是连接教师的教与学生的学的重要纽带。因此，教材编写组应善于结合不同阶段中国发展的实际，将中华优秀传统文化、红色革命文化和中国特色社会主义先进文化，尤其是习近平新时代中国特色社会主义思想的重要内容有机渗透进思想政治理论课的教材编写之中，并及时更新完善；更要巧妙地将新技术应用于教材编写之中，例如，制作图、文、声、影并茂的在线电子教材，不仅可以让学生随时看、随时听，也可以实现教材内容的及时更新，极大地弥补了纸质教材的局限性；在纸质教材的每一章节添加全国师生在线讨论区的二维码，一方面增强学生的好奇心，另一方面也可以实现全国线上资源共享，真正让思政课成为学生"愿意学"的课程。

2. 完善教学过程，丰富课程内容

高校思政课教学在精致的教材编写基础之上，还需要配以教师的详细讲解。教师首先要以严格的要求约束自己，树立正确的价值观，将文化自信内核融入课堂教学中，坚持正确价值观引领；在讲解过程中，利用课件、影像等教学资源，充分结合具体的历史史实与人物、事例，将抽象的理论生动化、具体化，

真正让思政课成为学生"听得懂"的课程；还需要创新教学方法，理论实践并重。在大学生感兴趣的思政课授课方式方面，76%的大学生表示应该进行实践教学，运用理论与实践相结合的方式；40%的大学生表示利用网络平台更有利于学习。以上数据表明，思政课的授课方式要不断进行创新，满足大学生多样化的学习需求。因此，各高校、各思政教师要根据自身教学、学生实际，充分利用网络教学平台，采用线上线下相结合的教学方式，提升学生的学习积极性；改变单一的问卷调查的实践形式，带领学生"走出去"，深入学生生活实际，真正让思政课成为学生"主动学"的课程。

（二）将文化自信融入高校校园环境建设，探寻文化育人特色路径

高校校园文化是学校整体环境的体现，是大学精神的外在表现，其深刻影响着校园的氛围，影响着高校思想政治教育的效果。将文化自信的内容有机融入高校校园自然和人文环境建设中，丰富校园文化精神内涵，优化校园文化建设，能更好地达到"以文化人"的效果。首先，合理规划校园设施建设，营造高雅校园环境，给学校师生带来美的享受，使师生从校园环境中获得情感上的陶冶。其次，深挖大学精神本质内涵。大学精神、校训、校歌等皆是校园文化的集中体现，绝对不能将其变为一句句简单的口号，更应该让每一位在校的师生都深刻理解其背后的内涵，并且内化于心，外化于行。再次，构建风清气正的校园风气。在校园显著位置和道路两旁设置经典诗句、名人名言等宣传标语，并设置线上线下专题展览区用来展示革命英雄事迹、古今文化经典，在全校师生中营造读经典、论经典、懂经典的良好氛围。另外，陈先达先生曾指出："没有自己民族节日的民族，是一个没有民族特征的民族"。因此，高校要以中华传统文化节日为载体，举办一系列特色文化活动，本着不遗忘传统节日、不遗忘节日意蕴的原则，创新形式，让古老的传统节日在新时代的中华大地上重新闪耀光芒，在全校师生中营造忆祖先、尊传统的良好风气；要善于发挥学生主体作用，扶持学校京剧、汉服、武术等社团，以学生兴趣为指向，寓教于乐，提升学生对中华文化的认同感与自豪感。最后，充分利用地方特色文化资源，打造特色校园文化。校园特色文化包括：举办文艺晚会、书法、绘画等宣传教育活动；与当地博物馆合作，完善线上和线下校史馆建设，提供全方位的详细讲解，让在校师生能够了解学校历史，同时"走出去"，走进当地博物馆，充分了解地方历史，在了解历史的基础之上将爱国与爱校充分结合起来；并且以线上和线下特色文创产品为载体，以学生更亲近的方式呈现校园文化蕴含的丰富内容。

（三）用文化自信浸润高校活动主体，强化主体自我教育意识

"所谓自我教育是指受教育者根据思想政治教育目标要求，自觉主动提高自身的思想道德认知，并修正自己的错误行为，具有自主性、内向型以及社会学等特征"。针对当前高校思想政治教育的主体文化自觉意识有所缺乏的现状，必须从源头上解决问题，充分发挥高校教职工、学生的主观能动性，使其树立起自觉接受文化熏陶的意识。

1. 充分发挥先锋模范带头作用

充分发挥党员干部、三好学生的积极作用，树立榜样，形成学先锋、学文化知识的风气，并且充分发挥校园媒体的宣传作用，利用校园专题网站宣传模范事迹。

2. 教师提升自身水平，将中华文化带入课堂教学

每一位教师，绝不仅仅是思政课教师，都应该找到自己所学专业与相关中华文化的契合点，提升自身文化涵养，将其有效融入课堂教学中。

3. 学生提升文化自觉意识，主动接受高雅文化的熏陶

学生要主动并善于接受中华文化的熏陶，自觉参与有意义的文化活动，并且提高自身辨别信息的能力，远离庸俗文化。

4. 将文化自信融入师生生活实际

在食堂、宿舍等地方的布置上下一番功夫，融入中华文化的核心理念，浸润师生生活，真正达到润物细无声的效果。

（四）将文化自信融入高校网络平台构建，着力打造网络育人新路径

随着互联网、移动电子设备的兴起与普及，网络平台的使用成了大势所趋，71%的大学生认为利用网络平台更有利于了解和学习中华文化，这体现出了大多数大学生对于使用网络平台的认可，将文化自信的精神与内容同步移入网络空间的建构中，既可以拓宽文化自信的传播路径，也可以极大地提升受众的参与范围与积极性。

1. 构建全方位网络教育平台

充分利用校园网、官方微信、微博、QQ、抖音等平台的阵地宣传作用，提高发布内容的质量，同时提升在校师生对于内容的关注度。

2. 提升校园主流媒体话语权，积极传播正能量

主流媒体应进行及时、扎实、有效的宣传工作，提升其在全校师生中的威信，成为值得全校师生信赖的校园主流媒体。

3. 开设校园文化学习专题网站，优化网站设置

例如，开设文化知识竞猜、闯关答题等趣味网站栏目，并且让所有答题者都有平等的机会获得校园与博物馆联合打造的校园特色文创产品作为激励，在轻松、欢快的氛围中获得知识。在条件允许的情况下，高校可以把一些传奇故事、英雄事迹等古今经典以 3D 模拟场景的形式重新呈现在专题网站的科技之旅栏目中，实现古代经典与现代科技的完美结合，让学生在欣赏经典的同时感叹科技的魅力。

4. 加强网络监管，创设良好的校园网络舆论环境

以学校的各二级学院为主体，定期对网络平台的使用情况、宣传力度、网络安全进行评比，并根据评比结果予以表彰、整改与惩戒，充分发挥、利用各二级学院的优势与资源，提高网络安全工作的针对性；做好网络舆情监督工作，设置专门的舆情监督小组，对校园网络舆情工作进行全面有效的监督，营造风清气正的网络空间。

第二节　全媒体环境下高校中国文化浸润式教育体系创新研究

本节从国家文化利益出发，以中国文化教育研究项目为依托，通过文献梳理，从语言教育的视角提出借助全媒体手段从 4 个维度构建高校中国文化教育体系策略：以文化育人为目标导向，实现"课程思政"；以内容为依托，构建系统的文化教育话语体系；以过程为核心，开辟文化的多元话语路径；以结果为参照，构建多元化动态考评机制。本节通过对高校中国文化教育的创新研究，来完善高校中国文化教育课程体系，助力国家的核心人才培养与软实力建设。

21 世纪以来，社会进入了以互联网为主导、依托各类传播工具而形成的"全媒体"时代，信息无处不在、无所不及、无人不用，带来了舆论生态、媒体格局、传播方式的深刻变化。全媒体背景下，各种信息可以突破时间和空间的限制，渗透到社会生活的各个方面。这无疑对当下高校中国文化教育提出了新的思考和挑战，同时也带来了新机遇。在全媒体态势下，文化教育应依据国家文化政策，把握全媒体的移动化、社交化、可视化的特征及受众阅读浅表化、碎片化

特点，将新媒体、中国文化内容深度融合，充分挖掘文字、图片、音频、视频等文化资源对接课程教学、构建文化话语、扩展文化内容；同时，运用媒体手段拓宽教学视角，改进教学语态，提升文化课教学的实效性，实现中国文化教育全程育人、全方位育人以及"课程思政"的目标价值。这是全媒体时代为教师提出的新课题，也是时代赋予中国文化教育的新任务。

一、中国文化教育研究述评

文化即人文化成，"刚柔交错，天文也；文明以止，人文也。观乎天文，以察时变，观乎人文，以化成天下。"它不仅是一种生活方式，也是一个民族总体的学习与教养。中国优秀传统文化是中华民族的"根""脉""魂"，是中国人民思想和精神的内核与精髓。随着全球化的深入推进，文化软实力在综合国力竞争中的重要作用日益凸显。"建设社会主义文化强国，增强国家文化软实力""不仅关系我国在世界文化格局中的定位，而且关系我国国际地位和国际影响力，关系'两个一百年'奋斗目标和中华民族复兴及中国梦的实现。"全球化语境下，文化建设被提升到国家战略的高度，引起了社会各界的普遍关注。更好地贯彻落实国家的文化建设政策，保护、弘扬、传承中国文化已成为当今学界研究的热点。

众多专家、学者及教育工作者从教育的各个层面开展了关于高校中国文化的教育研究，集中体现在几个方面。课程教育视阈下的文化育人研究。如：吴维煊、张嘉华等集中探讨了如何将中华优秀传统文化有机融合于大学思想政治理论课及语言课教学全过程，形成课程与文化育人的合力的问题。意识形态视角下外语教学改革策略研究。如：魏佩玲、文婷等就对外汉语教学中文化教育的意义、功能及战略路径展开了研究，提出了中国文化导入策略；李雅琳讨论了外语教学和意识形态的关系，提出了意识形态视角下外语教学改革策略。余清臣、容中逵、许德金探讨了文化生态学视角下的中华传统文化海内外传播问题、策略及途径，从现代学校的生态环境视角剖析了学校教育中传承传统文化的有效措施，使学校中的传统文化鲜活起来。李明珠等研究了互联网背景下的中国文化教学，探讨了"互联网+"的强大社会影响力，提出了传统文化当代传承与发展的新路径的问题。这些研究在一定程度上为高校传统文化的高效传承、实践提供了启示。

已有的无论是思政领域的文化育人研究，还是语言教学中的中国文化渗透、传播研究，抑或是文化生态背景下或互联网背景下的中国文化的传承、发展及对外传播研究，都各有千秋，为本研究提供了丰富的参考和启发，但仍然存在有待进一步探索和突破的空间。就文化话语内容而言，思政及语言方面课程中的中国文化研究未形成完整的话语体系，融入课程的文化内容相对零散、随机，课程教学中导入哪些中国文化没有相对统一的内容体系；就语言教学而言，对语言教学中有关中国文化理论结合实践、"知行合一"的文化实践活动的研究不足，对将文化内化于心、外化于行的实践活动的研究明显欠缺；就评价机制而言，文化教学内容丰富、手段多元，目前尚未形成与之匹配的动态评价机制。

要解决上述 3 个方面的问题，进一步改善中国文化教育这种状态，我们需从明确中国文化教学目标、构建文化话语体系、改革教学方法、开发多元路径和完善教学评价机制等方面入手，建立规范、完善的中国文化教、学、练、评、测体系和文化浸润式教育理论与实践体系。

二、中国文化浸润式教育体系构建

中国文化浸润式教育体系包括：中国文化教育全程育人的"课程思政"价值目标；系统的中国文化话语体系；知行合一的多元路径体系及多元动态的教学评价机制。

（一）以文化育人为目标导向，实现"课程思政"

"中华优秀传统文化是中华民族的文化根脉，其蕴含的思想观念、人文精神、道德规范，不仅是中国人民思想和精神的内核，对解决人类问题也有重要价值。"在经济全球化、教育国际化、价值多元化的背景下，地方高校作为育人基地，在注重应用型人才、技术型人才培养的同时，还应制定相应的文化育人目标体系，积极探索把文化教育全面融入课堂教育各个环节的路径，使人才目标方案、培养过程、评价考核各个系统形成合力，构建互相依托、共同支持、文化育人的大目标体系，为国家培养高素质的核心人才，为改革开放和社会主义现代化建设服务。高校教师必须认清中国传统文化的价值和地位，厚植爱国情怀。英语教师更应肩负起中国文化教育传承的历史使命，用英语架构文化传播的桥梁，担当文化使者，在教育学生学习和使用英语、了解世界文化、学习国外的前沿科技和思想理念的同时，更要通过中国文化教育唤醒学生对我国历史文化和文化传统的重视，促进不同文化之间的相互交流，促进我国传统文化与其他文化在全球化语境中和谐共生，确保中国文化课程教育能达到知识传授与价值引领的目标，从而实现中国文化教育全程育人、全方位育人的"课程思政"的价值目标。

（二）以内容为依托，建构系统的文化教育话语体系

中华民族历史悠久，文化内容博大精深、丰富多彩，但中国文化教育的内容需切合高等教育国际化发展方向，紧密联系我国发展目标和大趋势，为改革开放和社会主义现代化建设服务。因此，以内容为依托的中国文化教育话语体系的构建必须遵循适应时代发展、服务于国家建设的原则，此外，还应以当今外语教学理论为指导，考虑学生的学习规律和特点，充分发挥中国文化内容与语言融合教育的优势。在此基础上，筛选、整合现有的文化教育内容、资源，依据布鲁姆和加涅的教育目标分类理论，进行分层、分类、分主题研究，将适应时代发展要求的中国传统文化从物态文化、制度文化、心态文化、行为文化4 个层面进行分类，从观念形态、精神产品、生活方式3 个方面分主题研究，开发具有校本特色的中国文化教材。"把优秀传统文化的精神标识提炼出来、展示出来，把优秀传统文化中具有当代价值、世界意义的文化精髓提炼出来、展示出来"，以外语为媒介展现中国优秀传统文化、民族精神、文化精髓和深层次文化内涵，如哲学思想、宗教信仰、价值观念及标示性文化成就等，构建适应现代发展需求的中国文化教育话语体系。通过系统的中国文化话语内容体系的构建，使受教育者全面、系统地认知中国文化，领会中华文化的独特魅力，接受中华文化的基本价值、理念，认同本民族文化体系，形成强烈的民族自豪感和认同感，坚定文化自觉和文化自信。

（三）以过程为核心，开辟文化教育的多元话语路径

在万物互联的全媒体时代，中国文化教学需转变传统教学观念，改革传统教学方法，充分运用现代全媒体手段，结合外语学科特点，采用课内与课外结合、线上与线下混合、理论与实践并举的教学模式，多元路径实现文化教育的浸润式濡染与熏陶。对中国文化的话语内容模块和专题模块，开展课堂分类讲授、课后专题讲座、课外践行体验等多种渠道的输入、输出和体验活动。

（四）"课内 + 课外、线上 + 线下"混合的理论教学路径

教学中，高校一方面运用多媒体手段组织中国文化的听说读写译活动，使学生系统学习中国文化知识。运用比较研究方法，将中国文化同西方文化进行全面、系统、深入对比，探究、阐释文化差异，客观认识、评价中国文化的价值和作用。通过中西文化比较，将文化思辨能力培养融于具体的内容之中，拓展视野，引导思考，增强鉴赏能力和文化自信，提升文化包容度。另一方面，高校要充分利用线上各种有关中国文化的网络课程资源，组织学生线上自主学

习，弥补课堂学习内容和时间的不足，实行线上线下课堂混合教学，引导学生全面了解民族文化。此外，高校还应将文化主题研究的内容模块通过专题讲座的形式引入中国文化课程学习中，进一步深化、拓展课堂教学。通过专题课程讲座，教师充分利用网络多媒体的强大功能，深入挖掘中华优秀传统文化蕴含的思想观念、人文精神、道德规范，增强学生的文化底蕴和文化自信；学生则充分利用网络媒体平台就现实生活中有关文化方面的困惑随时向老师提问，寻求书本知识与现实生活之间的共鸣，让文化教育真正走进学生内心，从而更好地实现文化育人目标。这种课堂分类讲授与课后专题讲座结合、线上自主学习与线下互动答疑相结合的混合教学模式，从不同文化视角组织教学，将文化研究成果融入课堂教学内容，能使学生准确、全面了解中国的发展、世界的发展。

（五）"知行合一"的实践教学活动路径

"课堂教学的结束不意味着教育活动的终结，每门课的课时有限，教学时间有限，但真正的教育应该贯穿于个体成长与发展的全过程。"中国文化的学习不能局限于课堂文化理论知识的学习，还应举办丰富多彩的课外实践活动，实现文化学习的理论与实践并举。学生要做到课内学、课外练，线上学、线下练，边学习，边践行，感受中国文化的博大精深。在各种活动中，学生领悟到中国文化的智慧和价值，真正将中华文化的"根""脉""魂"内化于心，外化于行，从而实现中国文化理论与实践的良性互动，做到知行合一。其具体途径、方法、策略施用如下：

1. 融媒体路径

建立以外国语学院为主的融媒体，丰富文化信息的传播量。随着互联网的普及和新媒体的不断涌现，"媒体内容通过报纸、广播、电视、互联网、手机等不同的媒体形态传播已经完全成为现实。"中国文化教学应把握这种全媒体带来的教育趋势，建设以外国语学院为主的融媒体中心，借助校园广播、电视台、院报期刊、网络媒体等各种媒体形态，利用文字、声音、影像、动画等媒介形式进行中国文化内容的短平快报道。在文化传播过程中，高校应注重提炼学生喜闻乐见的文化内容，着力表达生动，力求内容接地气入人心，有高度有温度，富有感染力，用简短精炼、细节丰富、图文并茂的全要素双语方式传播中国文化内容，丰富文化信息的传播量。此外，实践教学中还要运用英语语言优势，以校报、校园网和广播站为载体，用双语讲中国故事，使语言学习和文化学习获得双赢；通过 QQ、微信等网络平台向学生推送中国文化，使学生能全时空感知、获取中国文化信息。在新媒体发展的大趋势下，充分利用全媒体带来的优势，创新中国文化传播形式和传播载体，传递中国文化话语，发出中国文化最强音，让校园呈现出文化学习内容常有、常新、常深的态势，实现中国文化教育校园全覆盖，让文化学习成为一种习惯、变成一种信仰。

2. 浸润式课外学习路径

建立浸润式的课外文化学习路径，强化文化教育效果。浸润式教育模式源自美国，其教育效果在美国幼儿园、小学、高中乃至大学都得到充分的验证。浸润式教学即学生通过教师创设的相应的情境，更加深入感知文本内容，收获文本知识，体会其中的思想内涵，从而获得体验。浸润式教学在高校思政教学中得到了一定的应用。"高校浸润式思想政治工作强调内容的全程融贯、师生的平等互动、受众的深度体验以及成效的持续稳定。"浸润式教育模式因具有渗透性、渐进性、人本性而被广泛运用于双语教育教学中。中国文化浸润式课外学习模式即充分利用当下流行的 QQ、微信、微博等社交媒体及近年来出现的抖音、快手等短视频媒体，以学生为中心，增强受众之间学习、交往的互动性，并就中国传统文化及社会热点引导学生展开讨论，增进师生间、生生间文化交流，充分发挥优秀文化的价值导向和引领作用。传播学中有"强声效应"，即在众多舆论声音中，占主导地位的主流声音能够影响其他声音，甚至诱导和同化其他声音。文化教育中，充分利用"强声效应"，通过潜移默化的手段，全方位影响学生对中国文化的学习及其思想品德、价值观、人生观、世界观的形成，从而使文化教育起到"润物细无声"的隐性效果。

3. 第二课堂活动路径

构建文化话语交流、展示平台，践行中国文化。创建第二课堂，组织丰富多彩的文化活动，如开展以唱民歌、讲民谣为主题的"中国风"校园文化节活动，以经典诵读、诗词传唱为主题的"经典永流传"活动，及"传统节日秀文化"活动、书法大赛、汉服文化演艺、专题文化类演讲、易儒文化翻译大赛等。还有合理挖掘留学生资源，举办中外学生联谊活动，讲好中国故事，传播中国文化，提高文化双向交流能力等。多元化的活动可以构建和谐平等的文化生态环境，体现中国文化教育对学生的人文关怀，并为学生提供中华优秀传统文化交流平台和文化才艺展示舞台，让学生知晓文化，践行文化，感悟文化，积极参与，乐在其中。学生通过切身体验、学习文化，从而实现文化学习的理论与实践结合，知行合一。学生通过亲身参与、亲自体验感受中国传统优秀文化，收获成就感，从而培养文化自信，增强文化自豪感。

在网络全覆盖的全媒体态势下，文化教育通过课内课外结合、线上线下混合、理论实践并举的教学模式，从文化认知、文化认同、文化实践等多方面实行立体多元的浸润式文化教育，优化人才培养过程，拓展文化学习的空间，延长文化学习的时间，让文化学习从必修到自修，成为自觉，实现教学过程的自主、互动、开放、创新，提升文化课教学的实效性。

（六）以结果为参照，构建多元化动态考评机制

近年来，高等教育的教学质量评价受到了国家的高度重视，国家出台了一系列质量评价标准、指南。其中，《大学英语教学指南》（2017）明确提出大学英语课程除综合评价外还需开展其他多样化课程评价。"制定多元化的高等教育质量评价体系，既可以保证实现高等教育大众化，又可以使精英人才脱颖而出。因此，多元化的高等教育质量评价体系是促进高等教育科学发展的必由之路。"全媒体时代背景下，文化教育内容、模式、教学方法、手段等都发生了变化，呈现出多元化、多维化、数字化的特征，与之相适应的评价体系理应多元化。

文化课程多元评价体系由多元的评价主体、内容、方法、手段、工具等要素构成。其中多元评价主体由教师、学生和第三方评价主体构成，第三方评价即将课外活动主办单位、各类文化赛事项目评审专家等第三方评价主体引入文化课的学业评价中，从多角度、多层面、多环节参与到课程学习和学生发展的评价活动中，通过面对面交流、书面函评、网络沟通、现场指导等多种形式，促进学生主动性的发挥，使学生的学业发展获得多元支持。为了实现教、学、评的良好互促互动，以评促学，文化教学考评不仅要评估学生"知道什么"，更要注重评估学生"能做什么"，把"真实世界"纳入学业考评。在"以过程为导向，浸润式文化教育过程"中，学生参与的有关中国文化的展示、体验、分享及各项赛事等这些"真实世界"活动都将纳入学习成果评价中，以便于更好地评价学生的综合素养。通过多元化的内容评价，高校将课程的学业评价与真实能力、现实紧密关联，使学生更加认可课程与考评的价值，从而进一步激发学习积极性与创造力。除了主体多元、内容多元外，文化课程的教学效果评价还实现了评价手段、工具的多元化。浸润式文化教学将中国文化学习变成了对话、讨论、沟通、探索、分享、展示等活动，更加关注学生的学习参与度、自主学习、问题探究、解决及创造能力，对应各种活动的评价主要采用档案袋评价。通过文件夹方式，建立多种档案袋，如课堂学习档案袋、自主学习档案袋、小组活动档案袋、班级活动档案袋、各类赛事档案袋等。其中有教师建立的，也有学生建立的。对于各种活动以文件夹的模式进行管理，作为过程评价的重

要环节以分数的形式计入平时成绩，并适当予以奖励。

这种多维度、多视角、多层面、多环节的立体评价应以课堂为主，课外为辅，需要特别注意将过程考核和终结性评价结合起来对学习效果进行综合考核。多元动态评价过程考核和期末测试并重，必要时可以适当提高过程考核的比例。多元的评价既可以拓宽教学信息反馈的渠道，又有助于更好地指导教学。

全媒体时代，我们应抓住全媒体带来的新机遇，利用媒体手段和技术支撑，因势而谋，顺势而为，对接国家社会、经济的发展需求，充分利用我国丰富的传统文化资源，从课程思政、资讯整合、内容变革、渠道变革及动态评价等多维度来挖掘高校中国文化教育的全方位教育手段，开辟中国文化学习新路径，拓宽中国文化育人的途径，探索中国文化育人之路，开创中国文化教育新局面，强化用英语传播文化的功能，培养学生的家国情怀和国际视野，培育文化自觉和文化自信，培养国家战略所需的复合型核心人才，致力讲好中国故事，助力社会主义文化强国建设，助力中国文化走向世界。

第三节　全媒体环境下高校思政金课品牌传播创新研究

全媒体时代打造高校思政金课是有效传播马克思主义科学理论的重要举措。例如，根据湖北"一省一策思政课"集体行动要求，《深度中国》从形象识别、议程设置、"五W"模式等传播学视角，在坚守"把关人""全媒体教育""课程反馈调节"3条传播"金律"的基础上打造高校思政金课品牌，提升高校思政课的传播力、感染力和亲和力，落实高校立德树人根本任务。

教育是国之大计、党之大计，立德树人是高校立身之本。习近平总书记强调，"思想政治理论课是落实立德树人根本任务的关键课程"，我国教育大计中思政课化人育人的重要作用不容忽视。高校作为党的意识形态宣传工作的重要前沿阵地，肩负着传播马克思主义科学理论，培育社会主义建设者和接班人的时代责任和历史使命，必须高度重视高校思政课建设，不断推进高校思政课改革创新，增强思政课的思想性、理论性、亲和力、针对性。当前，面对全媒体环境下高校思政教育面临的种种困境，我们必须深入贯彻习近平总书记关于党的教育系列重要讲话精神，充分挖掘并利用媒介融合信息传播优势，积极打造高校思政金课品牌，全面提高教学质量和水平，增强思政课程亲和力，提升学生获得感，在马克思主义传播过程中最大限度化弊为利，切实提升高校思政教育的实效性和新时代主流意识形态的传播力。

一、全媒体背景下打造高校思政金课品牌的必要性

网络与新媒体高速发展，信息传播已进入全媒体时代，全媒体背景下的马克思主义传播机遇与挑战并存。新时代高校思政金课品牌打造、传播和示范效应能够有效促进全媒体背景下马克思主义的传播和接受，提升主流意识形态的传播力和影响力。习近平总书记强调，"要运用新媒体信息技术使工作活起来，推动思想政治工作传统优势同信息技术高度融合，增强时代感和吸引力"。当前，高校思政教育深度融合新媒体技术，不断打造"金课"、淘汰"水课"，旗帜鲜明地强化大学生思想引领，是新时代深入贯彻落实高校立德树人根本任务的政策要求，是有效打破全媒体背景下高校思政教育困境的现实需要，是新时代增强"四个自信"、实现"中国梦"的必然要求。

（一）贯彻落实新时代立德树人根本任务的政策要求。

全媒体时代有效提升高校马克思主义传播力，是实现立德树人根本任务的要求，是全面贯彻党的教育方针的关键。习近平总书记在全国高校思想政治工作会议上强调，"要坚持把立德树人作为中心环节""实现全程育人、全方位育人"，再次明确了我国高校思政教育工作的战略目标和前进方向。新时代狠抓高校思政教育工作是深入贯彻习近平总书记关于思政教育系列重要讲话和精神的时代需要，也是我国教育始终保持正确政治方向的根本保证。全媒体时代打造高校思政金课是思政教育改革创新的关键举措，对于深入推广高校思政教学成功经验、强化品牌教学示范效应、高效宣传马克思主义具有重要意义。新时代多元思潮的存在使我国意识形态教育环境愈加复杂，在坚持高校思政理论课基本教学方向基础之上，我们仍需大力构建新时代高校思政金课教育大格局，不断增加高校思政教学含金量，使主流意识形态的学习在大学生教育中扎实有效入脑入心。当前，我国处于世界百年未有之大变局，培养能担当民族复兴大任的时代新人，必须要加强高校思想政治工作，打造高质高效、全方位育人的高校思政金课，教育引导学生树立共产主义远大理想，培养听党话、跟党走的社会主义建设者和接班人。

（二）扭转全媒体时代高校思政教育不利形势的现实需要。

习近平总书记指出，"伴随着信息社会不断发展，新兴媒体影响越来越大"，全媒体背景下高校思政教育迎来了机遇，但也面临着前所未有的巨大挑战。互联网具有开放共享的主要特征，全媒体时代的信息传播可控性较差，而大学生是思维活跃的网络强用户群体，极易接受各种网络新思想、新内容、新事物，这对高校思政教育的主导地位产生了强烈冲击。在各种思想文化交融、交锋频繁的新时代，我们要始终坚持马克思主义的指导地位，强化高校思政教育的广度和深度，变思政"水课"为"金课"，提升大学生思想政治学习的自觉性和获得感。此外，面对全媒体教学中出现的新情况和新问题，仍有不少高校思政课教师固守传统教学思维方式，其教学模式、授课内容不能因时而变、因势而变，无法对接时代热点和学生群体关注点，导致思政课堂出现漫灌不进现象，使得高校思政教育主阵地的使命无法真正落实生效。因此，全媒体背景下打造高校思政金课品牌，是有效增强高校思政课程思想性、理论性和引导性，以及思政教学吸引力、说服力、感染力和亲和力的重要举措。

二、"深度中国"视角下高校思政金课品牌的输出过程

"深度中国"是华中科技大学在深入学习和贯彻落实习近平总书记关于高校思政教育系列讲话和精神基础上打造的爆款思政课程，目前已作为湖北省唯一代表成功入选教育部"一省一策思政课"集体行动，是大学生思政课程改革创新的一次成功探索。当前，该课程受众范围广泛，已形成金课品牌示范效应，经过成熟后的经验总结和推广，已带动并孵化出一系列创新型思政教学课程，如"当代中国""加油中国""生命长江""尚美中国""温情中国"等，有效提升了马克思主义科学理论在大学生中的传播力和引领力。"教学目标是一切教学活动的逻辑起点和终点"，从传播学视角考察"深度中国"从"产品"萌芽、"产品"成型到最终金课"输出"的整体过程，能够凝练出先进的思政教学和传播经验，深入推动周边地区高校思政课程的"课堂革命"，最终形成"圈式涟漪"的波动改革效果，为当前高校思政课改革创新提供参考，为新时代我国思政课程建设深入推进、全面进步增加动力，进而培养德智体美劳全面发展的社会主义建设者和接班人。

（一）形象识别："深度中国"思政课的品牌雏形。

高校提高主流意识形态教育实效性的关键是作为接受主体的大学生的自觉反思和对知识的内化吸收，大学生思政教育有效接受的前提是受众学生群体对课程的认知、识别和认同程度。一门好的思政课能够使学生产生深刻印象和情感共鸣，进而激发学生内心自发式学习的动力和兴趣，变高校思政教育"要我学习"为"我要学习"。面对认为思政课"无聊""乏味"的学生群体，我们应创新思政课教育和传播方式，提升思政课识别度、趣味性、艺术性和吸引力，提高学生对课程的新鲜感和关注度。因此，课程形象识别系统便成为高校思政

金课品牌打造和传播的必备要素，该形象识别系统主要包括理念识别、视觉识别、行为识别和听觉识别4个维度。高校思政金课拥有自身品牌的战略定位、核心识别以及品牌传播的必备元素。金课品牌的战略定位具有方向导向作用，其核心识别是课程品牌的根基所在，代表了课程品牌的价值主张和最初使命，课程品牌传播的必备元素则包含课程名称、课程理念等。

"深度中国"高校思政公选课自开创以来便以习近平总书记高校思政教育系列思想为指导，输入打造金课课程意识，并将课程品牌形象符号化，在运行之中巧妙设计、创意执行，目的在于"积极试水"，打破高校思政课程以往的刻板印象，创新教学内容方式，突破课程效果困境，促进课程思想入脑入心。该课程创意设计了4个形象识别子系统，即课程理念和口号为"深度地了解中国、了解深度的中国"，这是课程的理念识别维度，使课程有了独特的身份和自我；其课程LOGO也经过精心设计，制定了标准色和标准字，这是课程的视觉识别维度，使课程理念得到更鲜明化地视觉表达；其课程教学方式也更为新颖多样，"一课多师、多师同堂"的教学模式是其行为识别维度，使课堂教学更具识别性；另外，"乡愁四韵"是课程的听觉识别维度，歌曲中特有的家国情怀在无形中激起了大学生满满的爱国情怀。每一季的开场歌唱都能带动大学生的现场合音和情感共鸣，这种认知与情感上的深度体验使课程获得了"季季相传"的高认同和好口碑。其中，媒介的重要作用贯穿于整个课程体系全过程。总之，"深度中国"思政公选课通过品牌自身完整的形象识别系统和新媒体的充分运用，使课程品牌内容和形式得到深化，品牌雏形得以形成，品牌思想得以传播。

（二）议程设置："深度中国"思政课的品牌深化。

全媒体背景下媒介教学和媒介素养的重要作用不言而喻，在媒介效果理论中，传播者的主导和把关作用不容忽视。高校思政教育中的议程设置能够帮助传播者有效提升课程的导向性和实效性，在传播主旋律过程中对学生思想和行为进行主动影响和把控，通过思想政治教育对学生思想进行正向塑造。高校思政教育实效性取决于受众对教育内容的有效接受程度，议程设置理论的核心是强调大众传媒可以借助"特定内容"传播对社会大众实施"既定影响"，高校思政议程设置能够优化事件、理论等接受客体，并在保证正确价值导向的基本前提下提高课程内容质量、满足学生知识诉求、提高学生课程获得感。全媒体时代高校思政教育应积极运用议程设置功能，结合学生群体心理认知规律合理设置教学内容，主动设置具有时代性、生活性、网络流量性的正向课程议题，于思想文化多元交织的网络中获取正能量教学素材，将主流意识形态话题置于

"非主流"怪谈之上，实现大学生思政教育的真正内化和有效接受。此外，高校思政课程议程设置，能够使教师对知识内容、时效和范围有效选择和适当掌控，于万千网络思想话题中主动筛选出符合学生兴趣关注点的话题，从而有效提升思政课程的可控性和实效性。

"深度中国"始终围绕"立德树人"根本任务开展教学工作，课程口碑和品牌效果的深化在很大程度上得益于对课程议程设置的运用。课程聚焦新时代中国理论与实践中的时事热点问题，内容涉及经济、政治、文化、社会、生态、外交等方面，"一课多师、多师同堂"的教学模式与专题、对谈、问答等多种教学形式相结合，带领学生多视角、多层次、多方位对所授问题进行解析，使马克思主义理论教育获得较强的传播力度和良好的传播效果。课堂学生的积极参与互动、课后学生"更爱祖国式"的情感抒发和大量"良心好课"的效果反馈是课程传播力度和传播效果的最佳说明。"深度中国"每季课程 12 讲，开课前的议题选取和每节课前的集体备课最大限度地保证了思政课程的可控性和实效性。"深度中国"在充分把握大学生思政特殊教育价值的基础上挖掘每节课程内容和授课方式的趣味性，同时关注现实进行情境教育，避免了大而空的理论说教，引起了学生的共鸣，"润物细无声"式地输入了主流意识形态，激发了学生的爱国情、报国志。"深度中国"课程始终坚持举旗导向、内容为王，在充分运用新媒体的基础上提升教师和学生的媒介素养、合理设置议题、深化教学内容，其课程议程设置既"接地气"又"接仙气"，既有"下沉"又有"升华"，使大学生高校思政教育印象得到改观，提高了大学生的听课积极性和主动性，在增强高校思政课思想性、理论性的同时，有效提升了思政课程的吸引力和亲和力。

（三）"五 W"模式："深度中国"思政课的品牌形成。

拉斯韦尔"五 W"理论表明传播是具有企图影响受众的目的性的行为。思想政治教育的传播旨在立德树人，铸魂育人，增强马克思主义的传播力度，具有鲜明的政治性和价值导向性。新时代高校思政教育实效性的提升是衡量思政课程建设成效的重要标准，课程建设中课堂教学体系的建立和完善是思政教育实效性提升的关键。"五 W"理论的 5 个环节应用于高校思政课建设，能够创新课程教学体系，提高思政教学质量。分析"五 W"理论的 5 个环节，能够更好地运用其理论内容指导高校思政实践教学的传播过程。拉斯韦尔认为，任何一个传播过程都可以分解为"谁"（传播主体）"说什么"（传播内容）"通过什么渠道"（传播媒介）"对谁说"（传播对象）"产生什么效果"（传播

效果）这样 5 个部分，这 5 个环节在高校思政教学传播过程中分别对应教育者、教学内容、教学媒介、受教育者、效果反馈 5 个要素。教育传播者是知识传播的起点，也是思政课程传播过程中最富主动性的一环；教学传播内容是思政课程传播的核心；教学传播媒介是思政教育双向互动的重要平台和纽带，是实现教学传播的物质手段；受教育者是思政教育有效接受的关键主体和最终目标；传播效果反馈是受众思想观念转变程度的直观反映。

"深度中国"课程至今已成体系，其整个课堂教学过程深度融入"互动"要素，每个课程建设环节都实现了全员战斗和全员深度互动的良好传播效果。"深度中国"在构建课堂教学"五 W"模式中，变课堂被动灌输为学生自觉主动吸收，把握住了全媒体时代学生思维导向的主动性，提升了高校思政教育的实效性，促进了马克思主义在学生群体中的有效传播。基于"五 W"模式的"深度中国"深度互动式思政教育传播已成体系，主要表现在以下 5 个方面：

第一，该课程创设以马克思主义学院教师团队为主，积极吸纳其他领域优秀教师团体，充分挖掘教师团队才能智库，促使其主观能动性充分融合课程议题，在主流意识形态传播过程中将"控制"和"把关"的主动权牢牢掌控在手中，并在课堂教学过程中增强实效性互动环节，激发了学生听课和思考的兴趣；第二，在紧密结合时代条件和受众特点前提下，围绕议题设置精心组织团体备课，选取同时代与主旋律深度契合的鲜活素材，潜移默化地传播教育思想内容；第三，课程始终重视传播渠道的分析和运用，结合新时代特征发挥新媒介传播优势，在媒介融合基础上进行线上线下思想教学深度互动传播。如"深度 CN"微信公众号是对自媒体平台的深度运用，主要用以推送课前预告和课后总结，与学生实时"交流"思想。"微助教""雨课堂""微弹幕""电子邮箱"等新媒体的使用更深化了课程交流和互动效果；第四，课程高度关注学生群体的所思、所需、所感，创新多种途径和方式对教育者、教育内容、教学传播媒介进行提升，并以增强大学生思政教育获得感和实效性为目标，在整个课程体系中以学生为中心进行课程教学和马克思主义传播。如"新三十六计——我为祖国献计策"的课程作业体系的建立和实施，就是以学生群体为中心，进而提升思政教育有效接受的重要举措；第五，课程也对传播效果反馈加倍重视，"深度中国工作坊"的开展和运作，"微助教"感想与建议的收集和反馈，以及课后学生反馈体系的建立都大大推动了课程发展和主流思想传播。

总之，"五 W"思政教育传播环节的自成体系与有效运转推动了"深度中国"思政金课的体系化和品牌的形成。该课程通过对 5 个要素的深入分析、把控和运用，通过高度整合"五 W"模式的思政教学体系化过程，使教师与学生之间最终建立了深度的互动机制，提高了课程主流意识形态传播效果，有效促进了"深度中国"高校思政金课品牌形成，并成功输出价值导向和意识，获得了高校思政教学传播的最佳效果。

三、新时代条件下高校思政金课品牌的打造金律

高校作为马克思主义理论宣传工作的前沿阵地，承担着"立德树人"的重要责任和使命。全媒体时代"宣传思想工作要把握大势，做到因势而谋、应势而动、顺势而为"，要深刻把握媒体融合发展规律，最大限度化弊为利，推进高校传播马克思主义的时代使命。新时代条件下积极响应党的高校教育改革号召，高校在全面梳理课程教学内容时，要不断淘汰"水课"，致力打造"金课"。结合"深度中国"成功经验，打造高校思政金课必须要下"真功夫"，坚守其锻造"金律"。具体而言，高校思政教育必须举旗为向，教育传播者必须坚守新时代思政教育"把关人"职责，在媒体融合新时代必须不断增强全媒体平台传播和教育功能，并建立高校思政课程反馈调节机制，以促进大学生对思政教育的有效接受，做好新时代高校学生思想引领和价值导向工作，真正落实党的教育工作方针。

（一）坚守新时代高校思政教育"把关人"职责

高校思政教育中教学传播者是知识传播的主体"选择者"和"把关人"，主导着教育的方向和目标，具有重要的信息传播和"把关"作用。在海量网络信息传播中，传播者和受众是信息传播的双重主体，两者分别是传播流程中的起点和终点，但自媒体的不断发展使得传播者与受众之间界限愈加模糊，其角色也在不断转换，加剧了信息引流和控制的难度，也为当前高校主流意识形态教育带来了巨大挑战。习近平总书记指出，"培养什么人，是教育的首要问题"，在受众获取信息来源和渠道多样化的全媒体新时代，作为高校思政教育的"把关人"，应在信息传播对应环节发挥"把关"作用，凝聚大学生基本价值共识，确立学生价值认同"最大公约数"，培养理想信念坚定的社会主义合格建设者和可靠接班人。

坚守新时代思政教育"把关人"职责，应在"方向把关"和"内容把关"两个方面下功夫。第一，"方向把关"为魂，高校思政教育中始终保持马克思主义的政治方向是根本，也是激发伟大精神、塑造价值共识、实现伟大事业的必然要求。一方面，教学课堂是高校信息传播和价值引导的主要空间，发挥高校思政课堂意识形态建设主渠道作用至关重要；另一方面，随着网络课堂教学

的兴起和传播，新媒体平台的价值导向作用不容忽视，教师作为传播者在使用微博、微信等自媒体时，其网络互动行为在大学生中能够产生引导作用。因此，教师应时刻强化"把关"意识，做合格的思想文化传播者和党执政的坚定支持者，担当起作为学生人才成长指导者和引路人的职责和使命。第二，"内容把关"为要，"把关"不仅是对教学信息的筛选过滤，更是对教学内容的再次加工，进而有效提高教学质量。传道者在明道、信道前提下做好信息的加工和再加工，才能实现知识传授的"内容为王"目标。习近平总书记强调，"思政课作用不可替代，思政课教师队伍责任重大"，上好思政课的关键在于教师。因此，思政课教师要注重提高政治理论素养、教学技能等方面的"硬实力"，结合时代所需、学生所想，做好新时代高校思政教学的"内容把关"工作。

（二）增强高校全媒体平台思政传播和教育功能

全媒体信息时代的交往和信息传播方式已发生巨大改变，媒介融合传播已是不可逆转的时代潮流，当前运用网络空间和新媒体平台传播优势能够有效提升我国主流意识形态的影响力和传播力。高校思政教育应转变传统教学思维模式，树立互联网教学思维方式，不断提升教师媒介素养，增强课中、课后全媒体平台的运用、传播和教育功能。"媒介就是插入传播过程之中，用以扩大并延伸信息传送的工具"，也即传播过程中承载内容的传播工具，对新传播媒介载体的充分运用能够有效满足时代要求、拓宽信息传播渠道、增强信息传播力度。因此，高校思政教学过程中应充分发挥新媒体平台教学和传播优势，在提升议题设置能力基础上，充分挖掘和利用网络空间载体，主动把握网络舆情发展动态和趋势，积极引导大学生价值判断和思想取向，促进主流意识形态的有效传播和接受。

习近平总书记强调，"要用好课堂教学这个主渠道"，教学课堂是高校思政教育教学的主阵地，要在知识信息和主旋律传播课堂载体中加入新媒体流量要素，在创新知识内容呈现方式同时增强课堂吸引力和说服力，在话语转换同时增强马克思主义理论的理解力、阐释力和鲜活力，变学生"被动参与"为"主动共建"，变学生"政治冷漠"为"政治热情"，从而有效促进大学生对马克思主义理论的主动内化和吸收。另外，除了课堂公共空间的新媒体平台运用，高校还要加强课后网络空间的媒介使用和传播导向功能。比如在政治定向的基本前提下，以大学生喜闻乐见的话语结构和传播模式，使用微信公众号、朋友圈等自媒体平台传播马克思主义科学理论，在拓宽主旋律传播渠道的同时，也有效提升了高校主流意识形态的传播力和渗透力。

（三）建立高校思政课程反馈调节机制

习近平总书记强调，"思想政治工作从根本上说是做人的工作，必须围绕学生、关照学生、服务学生"，大学生是高校思政教育实效性提升的关键主体之一，高校要以学生为中心开展高校思政教育各项工作，实现"教人"和"育人"的相统一，做到"以人为本"。高校思政教育有效接受的关键在于教育信息和育人理念能否为学生群体最终接受、内化和吸收，而以往高校思政教学中常常忽略知识传播过程中的关键一环，即学生课程反馈环节，往往将学生中心地位边缘化，仅靠课堂灌输进行教学知识传授，造成教学信息的单向流动传播，无法形成教学信息在各要素间的完整"回流"传播，导致教人和育人双重目标的实际效果较差，阻碍了高校思政教育有效性的提升。因此，高校要从受众视角着手改进高校思政课传播效果，从受众中心模式出发了解、吸纳学生所需，建立课前、课中、课后以及线上、线下的高校思政课程实时反馈调节机制，打造以"人"为中心的有效思政课程实体，关注、回应并解决好课程反馈环节出现的种种问题，促进马克思主义的广泛传播。

高校思政教育是一个动态的知识和理念传播系统，传播过程中需要不断地进行信息反馈和调节，以此实现各个环节信息偏差的同向弥补和调整，优化整个思政教育的信息传播过程，提升高校思政教育的整体传播效果。思想政治理论课的反馈"不仅是知识层面的反馈，更主要的是对学生的思维方式、价值观念的反馈，让反馈切实助力学生的成长发展"。总之，在高校思政教育信息输出、接受、解码、编码等传播过程中，我们应不断调节与控制，使教学信息反馈调节系统时时畅通。在反馈调节系统中，高校要始终对正向反馈积极接受与保持，对负向反馈积极调节与消解，通过反复调节、改进反馈活动，不断完善高校思政课程教学体系，打造高校思政金课品牌实体，持续保持正向输出，引领正确价值导向，实现高校思政工作全程育人、全方位育人，落实高校立德树人根本任务。

第四节　全媒体环境下高校思政教育手机引导机制创新研究

全媒体时代的到来，使各类新型媒介形式占据了时代主流，极大地改变了人们的生活、学习方式。手机媒体是人们平时使用最为广泛的工具，在高校思政教育中扮演着非常重要的角色。因此，各高校要加快高校思政教育手机引导机制的构建，从教学观念、教学资源、教学环境、媒介素质等方面出发，为高

校思政教育效能的提升开辟思路，从根本上提升教学实效。

科技的进步和网络技术的发展促进了全媒体时代的到来，多样化的媒介形式为新时代高校思政教育开辟了新的思路。手机作为高校大学生重要的交流工具，它的存在改变了大学生的思维方式、学习方式和交流方式，积极发挥手机在高校思政教育中的引导作用，促进有效地知识学习、信息共享、在线交流、课下探讨，有利于保证思政教育的有效性，全面提升学生的综合素质。

一、全媒体环境下手机引导对高校思政教育的意义

全媒体是所有信息媒介形态的综合体，是网络化时代的重要表现形式。所谓的全媒体语境，是指以多样化的媒介形式为核心所展现出来的传播语态，它构成了现代社会传播的总体环境。手机媒体是以多元化的网络信息为内容，以手机为终端向大众传达各类信息的媒介形式，它具有一般媒体所不具备的各种特征，集移动性、开放性、互动性、娱乐性等多种特征于一体。

手机是大学生必备的交流工具，借助手机可以实现随时随地地资源共享和信息交流，手机以其较强的互动性、即时性、针对性等突出特征，给大学生学习提供了便利。第一，学生可以借助微信、微博等各类APP进行自主学习，借助手机解决课堂学习中不明白的问题，实现教学课堂的无限制延伸，大大增强思政教学的灵活性。第二，手机具有传统课堂所不具备的优势，其所承载的视频、图片、音乐、文字等信息具有较强的视觉感和立体感，这符合学生思政学习的心理诉求，消解了他们内心对思政学习内容的排斥，从而激发学生的学习欲望和兴趣，最终实现高校思政教育效能的提升。

二、全媒体环境下高校思政教育手机引导面临的挑战

手机是一把双刃剑，它在为学生思政学习提供便利的同时，也携带了大量的负面信息，给大学生思政教学带来了极大挑战。手机媒体的开放性、不可控性在一定程度上造成教学秩序混乱和教学效果降低，同时也对师生的媒介素质提出了较高的要求。

（一）手机媒体的开放性瓦解了思政教学秩序

手机媒体具有很强的开放性，它突破了传统课堂的限制，以较快的速度实现了知识和信息的网络化传播。网络信息具有很强的碎片性，再加上高度自由开放的网络空间，其在很大程度上冲击了教学规范和教学秩序，导致高校思政

教学体系混乱。手机媒体中不仅包含大量的思政学习内容，同时也包含很多良莠不齐的信息，而手机没有自动筛选功能，学生在进行思政学习时，往往会将这些知识和信息一并吸收，从而降低了思政教学的有效性。同时，手机媒体固有的娱乐性让一些学生过度沉迷于视觉刺激中，他们对网络视频具有浓厚的兴趣，而缺乏对网络知识的关注，不利于教学秩序的建立。

（二）手机媒体的不可控性弱化了思政教学效果

手机媒体具有虚拟性的特点，这在很大程度上强化了其不可控性。随着多元文化的渗透，西方的自由思想、个人主义、享乐主义等思潮在网络上不断蔓延开来。由于大学生的心智还不够成熟，他们在学习思政知识时，往往会被这些不良的思想侵蚀，从而导致其价值观逐渐被影响，不利于大学生形成健全的人格。与此同时，网络媒体的开放性和即时性，也极大地促进了快餐文化的广泛传播，这也在无形之中冲击了高校思政教育，不利于学生思想政治素质的有效提升。

（三）手机媒体对师生媒介素质提出更高的要求

手机媒体对师生媒介素质提出了更高要求，但目前，很多高校思政教育工作者使用媒体的能力不强，无法通过手机提取到有效的教学信息；而不少学生的分辨能力和思考能力较弱，面对良莠不齐的手机网络信息，他们很难抵制不良信息的诱惑，也很难从中选择健康、正向的学习内容。正是由于广大师生的媒介素质不高，所以他们在进行思政学习的时候，很难最大化地发挥手机媒体的优势，不利于从根本上提高思政教育效果。由此可见，只有从根本上建立有效的高校思政手机引导机制，才能缓解这一问题。

三、全媒体环境下高校思政手机引导教育机制的构建

构建完善的高校思政手机引导教育机制，实现手机媒体与高校思政教学的有效结合，能在最大程度上发挥手机媒体优势的同时从根本上提升思政教学效果。因此，高校应从转变观念、资源整合、环境塑造、素养提升等几个维度来进行思考与实践，促进高校思政教育质量的提高。

（一）转变观念，明确手机引导对思政教育的意义

手机是高校大学生运用最多的交流工具，引导大学生合理运用手机进行学习，不断削弱手机的娱乐性，发挥知识传播价值，是当前高校教育的重要支撑点。与传统高校思政教育相比，手机媒体为大学生学习营造了一个开放、多元、

互动的学习空间，丰富的内容和便捷的学习渠道正是传统课堂所不具备的。因此，教师要转变传统的"手机影响学习"的理念，认清手机媒体对思政教育的意义，从而充分利用手机媒体的互动性、高效性、便捷性、即时性等优势，加强思政教学。

（二）资源整合，打造丰富优质的思政教学内容

高校思想政治是一门相对来说较为灵活的学科，其教学内容并没有严格化的专业限制，社会百态、新闻报道、校园生活等都是思政教学素材的来源。传统课堂思政教学主要以课本教材为主，这种相对来说较为闭塞的知识传播载体影响了学生思维的延伸；而手机媒体则以较强的传播速度和信息获取速度为学生呈现了丰富的知识和信息，从而保证学生自主学习热情的提高。因此，各高校要利用手机媒体，加强资源整合，打造出丰富优质的思政教学内容。第一，借助手机搜集思政教育信息，以教学主题为核心线索对知识进行系统化梳理，在实现知识趣味性和丰富性的同时，更要保证教学资源的内在逻辑性，从而减少知识碎片化带来的教学资源混乱的影响。第二，保证知识和信息的时效性。各高校要充分发挥手机媒体即时性的优势，及时捕捉社会新闻热点和典型事件，并与教学内容深度结合，从而更好地推进高校思政教学设计。第三，充分利用手机媒体的搜索引擎功能，开辟多元化的高校思政手机教学平台。各高校既要借助现有的网站、微信公众号、微博、知乎等形式，同时也应开辟思政教学网络课堂，让手机媒体真正发挥思政教育作用。

（三）环境塑造，建设健康的手机思政教学校园文化

让手机教学成为一种校园文化，成为一种主流的教学形式。高校在进行思政教育的过程中，必须要借助校园文化的约束功能来对手机思政教学进行有效的引导。第一，学校应该重点关注校园内网、无线网的顺畅，为学生手机学习提供有力保证；多在校园内网更新健康的思政教学内容，真正让学生随时掌握最新的思政教育内容。第二，积极举办以"手机思政学习"为核心的校园主题文化活动，如以社会热点话题为内容，通过微信互动、微博互动等方式展开，提升学生的参与度。因此，高校思政教育工作者要善于引导学生使用手机，不断强化手机正向教育功能的实现，从根本上为高校思政教育工作提速。

（四）素养提升，全面培育广大师生媒介运用能力

在全媒体时代，要想最大化发挥手机媒体在高校思政教育中的优势，就必须不断提升广大师生的媒介素质，全面培育其媒介运用能力。第一，提升高校思政教育工作者的媒介运用能力。学校应定期对教师进行培训，教会他们使用媒体进行教学的基本方法；还可以定期开设计算机课程，让任课教师能借助计算机掌握更多的网络信息，从而辅助教学实践。第二，由于大学生信息分辨能力、自我控制能力还较弱，因此，他们在使用手机进行思政学习时，容易吸收一些片面的信息，不利于其思想政治素质的提高。因此，教师应积极引导学生树立正确的是非观，不断提升他们的思考能力和分辨能力；及时给学生推荐一些好的学习网站，有效引导大学生学会正确学习，从根本上提升思政教学效果。

全媒体语境下高校思政教育手机引导机制的构建，为高校思政教育转型提供了动力支持。因此，各高校应重点从转变观念、资源整合、环境塑造、素养提升 4 方面对思政手机教育进行深入思考，有效提升大学生思想素质。

第五节　全媒体环境下高校思政课教师提升教学创新研究

全媒体环境下，思想政治教育的内容、载体和主体都发生了巨大的变化，高校思政课教师必须充分认识大学生思想政治教育面临的机遇与挑战，重视提升教学实效性，强化育人效果。文章从提高媒介素养、夯实教学内容、优化教学设计 3 个方面就高校思政课教师如何提升教学实效性进行阐述，以期不断推动大学生思想政治教育的优化。

全媒体时代，由于信息来源的多元化和信息传播的便利化，一些不当言论、不良信息滋生并快速传播，给高校思想政治教育带来巨大挑战。同时，全媒体时代各种媒介技术的迅速发展也为高校思想政治教育提供了丰富的教学资源和教学交流平台。面对全媒体时代带来的机遇和挑战，肩负着对大学生进行思想政治教育重任的高校思政课教师需要充分利用和发挥课堂教学的主阵地作用，探索全媒体样态下提升教学实效性的有效途径并在实践中加以落实，进而不断提升思想政治教育的育人效果。

一、提高媒介素养，提升思政理论教育的效果

概括地说，媒介素养就是公众正确认识媒介、使用媒介的能力或修养。我们做了一项问卷调查，结果显示：97%以上学生希望老师使用智慧树、云班课、钉钉等教学平台线上授课，而不是简单地在QQ群布置作业。调查结果还显示：信息素养高的老师实现了停课不停学的教学目标，教学满意度高达91.7%，而信息素养低的老师只能寄希望于开学补课来达成教学目标。

（一）教师媒介素养成为影响教学效果的重要因素

全媒体时代，大学生的生活方式、学习方式发生了极大的改变，网络信息技术成为大学生获取信息的主要载体。同时各种媒介技术纷纷走入课堂、学习通、智慧树、云班课等APP的广泛运用改变了传统课堂教学模式，慕课、微课、翻转课堂等新型教学形式层出不穷。教学形式的转变要求老师更加重视对学生的关注和能力的培养。由此可以看出媒介素养已成为影响教学效果的重要因素，因为它贯穿于教学全过程，从教学资源的选取到教学管理的开展再到教学评价与反馈。在全媒体样态下，高校思想政治理论课教师应努力提升自身的媒介素养，这既是适应思政工作新环境发展的时代之需，也是提升思想政治理论课实效性的现实要求。

（二）媒介素养在高校思政课教学中的运用

作为信息时代的原住民，"00"后大学生更喜欢信息化教学方式。而媒介素养的提升为开展教学改革，构建新的教学模式提供了技术支持。以构建新的实践教学模式为例，网络媒介不仅可以拓宽实践场所，还可以创新实践教学的开展方式。高校思政课教师可以将传统实践活动，如观看"我和我的祖国"图片展，围绕"我和我的祖国"写一段心得体会的形式升级为观看庆祝改革开放40周年网上展厅，将感受以微视频的形式呈现出来，凸显出"我和我的祖国"这一主题。实践证明，借助全媒体构建的新的教学模式极大地调动了学生的积极性，提升了思想政治理论课的育人效果。

此外，高校思政课教师还可以通过关注学生的社交媒体、捕捉大学生所关注的社会热点，构建与学生的线上交流平台，了解学生的思想变化，有针对性地开展思想政治教育，增强与学生的沟通效果。

二、夯实教学内容，增加思政理论课的信度

思政教育的内容能否吸引学生、感染学生，决定着思政教育的生命力。在

全媒体时代，大学生对于教育内容的需求也日趋多样化，因而思想政治理论课教师应通过提升自身知识储备、重视凝聚合力等方式优化内容供给，增加思想政治理论课的吸引力。

（一）强基固本，优化内容供给

全媒体对思想政治理论课教师提出了更高的要求。面对日趋多元的价值观念与社会思潮，思想政治理论课教师一方面需要锤炼扎实的理论功底，提升教学的理论魅力，有效进行思想舆论引导、凝聚价值共识，从而增强大学生对于主流意识的认同感；另一方面还要针对大学生所关注的社会热点和话语内容设置灵活多样的教学议题，优化内容供给，满足学生的成长需求，更好地彰显思想政治理论课的育人效果。

（二）凝聚合力，构筑多元格局

全媒体传播的多元化和娱乐化削弱了主流意识形态的权威性，同时大学生心智尚未成熟，易受外界影响，因此网络上大量真假难辨的信息增加了思政教学的难度。因为个人能力和精力均有限，所以高校思政课教师提升思想政治理论课育人实效要善于凝聚合力。教师可以通过开展集体备课、参加学术论坛等方式加强交流合作。以集体备课为例，目前由常德职业技术学院张程老师牵头搭建的全国智慧思政平台，给全国思政课教师提供了资源分享和学习交流的平台。此外，教师还要重视本学院集体备课活动的开展，通过利用多媒体技术开展网络集体备课，教师可以对教学中遇到的问题或者社会热点进行讨论，将教学资源及时分享，从而使教师在提出问题、展示案例、阐释设想中产生灵感、形成共识、升华认识。

三、优化教学设计，提升思政理论课的满意度

教学是艺术，教学也是科学。教学不是一个随意的、随机的行为，因此教学活动的开展需要教学设计。全媒体时代，思政课教学的主体、载体等都发生了巨大的变化，思想政治理论课教师要想使课程"走心"需要顺应时代变化，借助各种媒介技术对思想政治理论课的教学语言、教学过程、教学评价等方面进行设计。需要注意的是，在设计过程中教师要注意教学目标的达成度、学生的参与度、教学实施的难度和教学效果的生成性等因素，使思想政治理论课堂不仅有章有法还灵动不羁。

（一）教学语言的设计

提升思想政治理论课育人效果，不仅要内容好，还要"味道好"。思政课教师要用大学生喜欢听、容易懂、易于接受的语言来表达思想政治教育的内容，以提高受教育者的兴趣和理解程度，从而增强思想政治教育实效性。这需要思政课教师对教学语言进行设计，学会讲"真话""新话"和"情话"。

高校思政课教师要学会讲"真话"，通过把道理讲透，使课堂"走心"，从而使学生做到真学、真信、真懂、真干。高校思政课教师还要聚焦时代问题、关注社会热点，学会讲"新话"。用大学生熟悉的语言回应学生的关注点，拉近与大学生的心理距离，提升思想政治理论课的亲和力。譬如在全媒体时代，网络流行语深得学生喜爱，老师可以将学生所熟悉的网络语言运用到教学当中，将思想政治理论课变得"娓娓动听"，从而赢得学生的欢迎。高校思政课教师还要学会讲"情话"，因为思想政治理论课不仅要以理服人还要以情动人。

（二）教学过程的设计

当前部分老师理念陈旧，在教学过程中仍然以自我为中心，对教学内容的讲授仍然停留在说教和灌输的层面，由于受自身媒介素养的限制，教学过程局限于课堂，思想政治理论课育人效果不甚理想。美国学者埃德加·戴尔的学习金字塔理论显示了采用不同的学习方式，学习者在两周以后平均学习保持率的多少。从中可以看出视听结合的知识保留度比用耳朵听讲授的知识保留度高；自己参与其中的比被动接受的知识保留度高。这给我们带来两个方面的启示：一是在教学过程中应该突出学生的主体地位。为此在教学过程中教师不仅要设计教学活动还要设计学生活动并标明设计意图。二是要重视信息化教学资源和教学手段的使用。具体来讲教师需要紧扣教学目标设计教学环节，准备相应的教学资源，运用多样的教学方法，使学生在环环相扣的设计中，变被动学习为主动学习，提升学习效果。

（三）教学反思的设计

著名教育家叶澜说过："一个教师写一辈子教案不一定成为名师，如果一个教师写三年教学反思可能成为名师。"提高育人实效，思想政治理论课教师需要学会设计反思。多媒体技术为思政课教师开展教学反思提供了便捷的条件，譬如可以借助问卷平台设计调查问卷，了解学生对思政课教学的满意之处、不满意之处、提升建议等。老师根据学生的满意之处总结可以复用的经验，同时还可以根据调查问卷分析影响教学效果的原因并制定改进计划。

　　全媒体时代，信息技术不仅为高校思想政治教育的开展提供技术支持，也为其带来更新的理念和动力，使高校思想政治教育在教育内容、方法和模式等方面发生深刻变革。高校思政课教师应顺应时代发展，将多媒体技术与思政教学深度融合，创新思政课育人方式，提升教学实效，从而不断优化大学生思想政治教育。

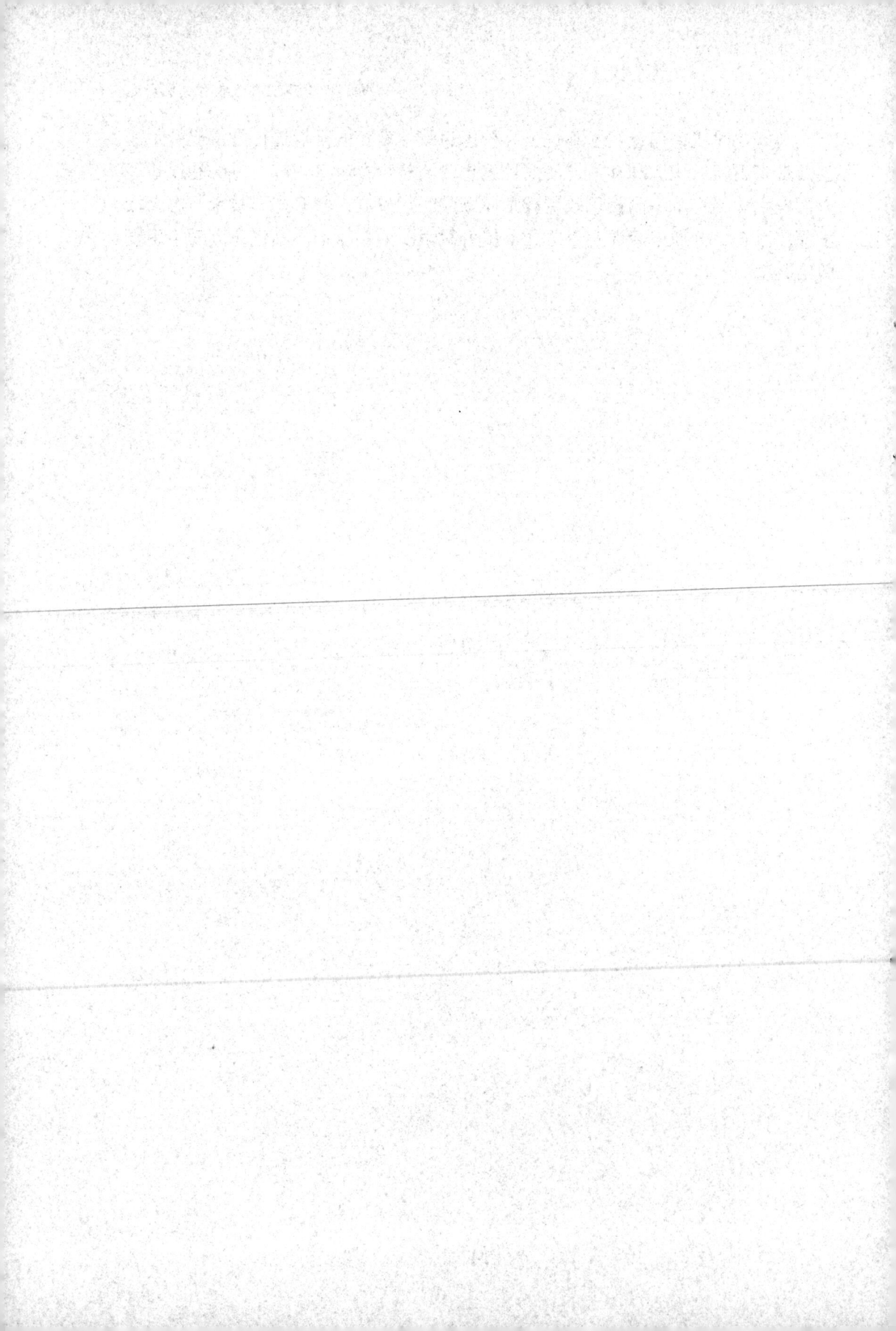

参考文献

[1] 王刚. 思想政治教育资源研究 [M]. 重庆：西南师范大学出版社，2017.

[2] 徐茂华. 高校思想政治教育的时代主题：中国梦融入大学生思想政治教育研究 [M]. 长春：东北师范大学出版社，2018.

[3] 王升臻. 思想政治教育本质研究 [M]. 郑州：郑州大学出版社，2016.

[4] 李俊奎. 思想政治教育学导论 [M]. 哈尔滨：黑龙江人民出版社，2015.

[5] 张可辉，栾忠恒. 新媒体视域下大学生思想政治教育研究 [M]. 北京：中国商务出版社，2018.

[6] 臧宏玲. 高校思想政治教育前沿问题研究 [M]. 长春：吉林人民出版社，2017.

[7] 张晓梅. 新媒体与新媒体产业 [M]. 北京：中国电影出版社，2014.

[8] 曹世华. 新媒体技术应用与实践 [M]. 杭州：浙江大学出版社，2017.

[9] 陈少华，张燚. 新媒体与传统媒体 [M]. 成都：电子科技大学出版社，2015.

[10] 罗小萍，李韧. 新媒体传播及其效果研究 [M]. 北京：中国广播影视出版社，2018.

[11] 周艳. 新媒体理论与实务：网络与新媒体专业“十二五”规划教材 [M]. 北京：中国传媒大学出版社，2014.

[12] 王凤志. 思想政治教育美学方法论 [M]. 杭州：浙江大学出版社，2017.

[13] 付鑫，张亮. 大学生思想政治教育 [M]. 成都：电子科技大学出版社，2017.

[14] 胡飒，奚冬梅．高校思想政治教育教学与实践研究 [M]．北京：光明日报出版社，2018．

[15] 吴平，刘琦．高校大学生素养与思想政治教育研究 [M]．成都：电子科技大学出版社，2017．

[16] 郭强．新视角下的思想政治教育研究 [M]．北京：中国社会出版社，2017．

[17] 杨曦阳．全媒体时代思想政治教育新论 [M]．长春：吉林文史出版社，2017．

[18] 樊常宝．思想政治教育 [M]．北京：北京理工大学出版社，2017．

[19] 罗仲尤．思想政治教育属性研究 [M]．北京：知识产权出版社，2017．

[20] 陈建，谢亚蓉，唐雪梅．思想政治教育与创新创业 [M]．长春：吉林人民出版社，2017．

[21] 黄慧琳．高校大学生思想政治教育与创新能力培养探索 [M]．成都：电子科技大学出版社，2017．

[22] 张金秋．当代大学生思想政治教育模式构建与实践探索 [M]．北京：新华出版社，2017．

[23] 查伟大．高校大学生思想政治教育工作实践案例分析与研究 [M]．西安：西安交通大学出版社，2017．

[24] 成春，蒲于文．大学生思想政治教育创新途径探索 [M]．成都：四川大学出版社，2014．

[25] 张雷．传播理论与大学生思想政治教育有效接受研究 [M]．杭州：浙江大学出版社，2015．

[26] 关健，丁宏．以人为本与高校大学生思想政治教育实践创新 [M]．哈尔滨：黑龙江大学出版社，2016．

[27] 郑士鹏．新媒体背景下思想政治教育话语权的时代境遇分析 [J]．大庆师范学院学报，2018，38（05）：152-156．

[28] 刘畅．新媒体时代高校思想政治教育话语的困境及转换研究 [J]．北京教育（高教），2018（09）：60-63．

[29] 张艳娣．新媒体对高校学生思想政治教育的影响及对策 [J]．科教导刊，2018（09）：104-105．

[30] 郑绪平．浅谈新媒体为高校思政教育带来的发展机遇 [J]．淮南职业技术学院学报，2018，18（04）：34-35．